Introduction to Corporate Finance

コーポレート
ファイナンス入門

企業価値向上の仕組み

野間幹晴・本多俊毅 著

共立出版

まえがき

　本書は，一橋大学大学院国際企業戦略研究科（ICS）金融戦略 MBA コースにおいて行われている「企業金融論の基礎」という基礎科目の講義ノートをもとにしながら，より広く一般の読者を念頭におきながら書いたものです．本書で扱われている内容は，欧米の MBA プログラムにおけるコーポレートファイナンスのごく基礎的な内容です．しかし，日本の社会人学生を対象に授業を行ってきた経験を踏まえて，日本人に日本語で授業を行うことを強く意識しながらまとめたので，ふつうの MBA のテキストとは少し雰囲気が異なるのではないでしょうか．最近では欧米ビジネススクールの定番テキストもいくつか翻訳されていますが，扱われているデータは米国市場のデータが中心です．本書では，直近の日本のデータも積極的に紹介しながら，コーポレートファイナンスの基礎的な内容について解説しています．（なお，本書で用いているデータについては特にことわらないないかぎり，株式会社 QUICK の AMSUS から取得したものを利用しています．）したがって，いわゆる MBA プログラムに在籍する学生のみならず，就職前の学部学生や，M&A など最近の社会情勢の変化に興味をもつ社会人まで，広く一般のみなさんが手にとってくだされればうれしく思います．

　2005 年，ニッポン放送・フジテレビとライブドアの間で発生した企業買収騒動が社会的な耳目を集め，毎日のように「企業価値」という言葉がマスコミで語られるようになりました．商法改正や企業会計制度の改訂など，制度面でも大きな変化が続いています．敵対的買収の事例がめずらしくなくなり，また MBO によって自ら非上場企業という姿を選択する例も出てきました．こういった変化を一言で捉えることは難しいのですが，戦後の復興期，高度成長，

バブル経済という一連の日本経済の動きを経て，企業とは何か，今後の企業経営はどうあるべきかが改めて問われる時期になったのだと，著者は考えています．

このような問いかけに対するひとつの答え方は「企業価値」の向上を実現することが良い企業であり，良い経営者の役割であるというものでしょう．しかし，ここで大きな問題があります．それは企業価値とは何か，それをどのように定義するのかという根本的な問題です．

本書は，コーポレートファイナンス理論における企業価値について議論してゆきます．最近のファイナンスの学術研究では多様な視点から企業を語るので，誤解を避けるためには，MBAプログラムのコーポレートファイナンスの入門テキストでまず最初にイメージされている企業価値，といったほうが良いかもしれません．この意味での企業価値は，現在の日本で多くの方が企業価値という言葉から想起するものとは，かなり異なると思います．

少し思い出話のようになってしまいますが，著者自身とコーポレートファイナンスの関係を簡単に振り返って見ようと思います．1992年に米国の大学で勉強する機会を得た著者にとって，コーポレートファイナンスの授業や学術専門論文は，必ずしも馴染みやすいものではありませんでした．当時の日本はバブル経済が終わり，後に「失われた10年」と呼ばれる期間へ突入した時期ですが，それでもまだ，バブルの残り香のようなものは感じられましたし，メインバンク制が企業金融の中心であったことには変わりはありませんでした．その数年後に銀行や証券会社が次々と経営破綻に追い込まれていくなどということは，とても想像できませんでした．当時の著者の常識では，仮に銀行の経営が悪化したとしても，政府が混乱を収めるべく穏便に処理するだろうし，それが簡単に行えるものだと思っていたのです．

感覚的な問題になってしまいますが，留学当初の著者にとって，企業金融といえば銀行融資が真っ先に思い浮かびましたし，企業価値といえば従業員の安定雇用を重要視する日本型経営の良さに目がいったのです．実際にこの時期，欧米の経済学者や経営学者の多くが，長期的な関係を重視する日本型経営に強い関心を示していたのです．そのような背景もあり，コーポレートファイナンスのテキストでどのような状況が想定されているのかが，著者にはどうもいま

ひとつわからなかったのです．

　留学中の大きな経験として，ネットスケープやヤフーといった新進IT企業の成功と上場を目の当たりにすることができたことがあります．当時のITベンチャー企業が立ち上がってゆく様子には，まばゆいばかりの輝きが感じられました．しかし，そういったベンチャー企業こそが，まさしくコーポレートファイナンスで想定されているような企業活動であることに気がついたのは，しばらくたってからでした．

　その後，2000年のICS開校を迎えたのですが，まだ世間的には日本でコーポレートファイナンスの考え方が受け入れられていたとは思えません．当時，邦銀の不良債権問題に関連してよく新聞に登場していた言葉に「欧米流のDCF法」というのがありました．そもそもその中身がよく理解されていなかったということもありますが，日本式のやり方ではなくて，米国流の考え方を利用するのだという雰囲気がこの文言によく表れていると思います．

　実際に授業をしてみても，たとえば負債を増加させることによって企業価値が向上する，というテキストの理屈は理解できるが，やっぱり借金が増えるのは良くないでしょう，というような議論で止まってしまいがちでした．借金によって増加する企業価値は，誰にとっての価値なのかということが，教室内でなかなか共有できなかったのです．ではどのようなイメージを持ってもらえば良いのか．

　著者にとってのひとつの答えは，IT企業のようなベンチャー企業への投資を考えてもらうことであり，また本書の第1章図1（8ページ）のような図を繰り返し利用することでした．少なくとも米国のMBAコースの多くの学生がまず想定する企業とは，これらの図のようなものだと思います．ところが，日本で議論すると，このような形ではどうも理解していないのです．投資した金額に対して，利益，つまり売上から費用を引いたものを最大化する．この単純な理屈を表したのがこの図なのですが，実はこれが日本人の直感というか，好みとは相容れない部分があるわけです．

　ひとつの要因は，多くの日本人にとって企業というものは，投資する対象ではなく，働く場所にすぎないことだと思います．そして，日本的経営の良さというのは，そこで働く人を大事にすることだと考えていることだと思います．

そう考えると，実は多くの人にとっての企業はこの図には表れてこないのです．売上マイナス費用の，費用の部分に自分の給料が含まれてしまいますから，利益の部分は自分が関与した後の部分ということになってしまうのです．

　一般のサラリーマンではなくて，経営者であれば，当然利潤最大化を意識していたと考える人もいるでしょう．しかし，これも必ずしもそうではないと思います．たとえば第4章にある負債がある場合の企業の概念図や，第5章にある利益還元の概念図を見てください．多くの経営者にとっては，従業員の給料をちゃんと払って，銀行からの借金を返して企業を存続させるということまでで，関心が尽きてしまっていたのではないでしょうか．もちろん，経営者ですから事業を拡大するということには熱心だったでしょう．しかし，利益を投資家である株主に配当するということの優先順位は，従業員の雇用を維持することに比べると，かなり低かったのではないでしょうか．結果として，事業を拡大するような投資案件があまり見当たらないときにも，獲得した利益を社内に貯金してしまったりしたわけです．

　獲得した利益を現金として積み上げてゆくような経営は，もはや許されない時代になったことは間違いありません．しかしこのことは，決して従業員を軽視して良いとか，銀行融資が時代遅れだとかいう短絡的な結論を導くものではありません．ではこれからの日本企業は何を目標にしてゆけばよいのでしょうか．

　欧米の投資家や投資ファンドが日本企業に注目していることからはっきりとわかるように，企業は常にグローバルな資本市場の投資家の判断を意識しなければいけない時代になりました．そのような時代になったからこそ，コーポレートファイナンスの重要性が増したのであり，だからこそ，このような形での出版を思い立ったのであります．これからの企業のあり方について，読者のみなさんがコーポレートファイナンスという視点から考えるときに本書がお役に立てば，著者としてとてもうれしく思います．

2005年9月

本多俊毅

目　次

- 第1章　コーポレートファイナンスの視点　　　　　　　　　　1
  - 1.1　米国人インベストメントバンカーの講演　. . . . .　2
  - 1.2　コーポレートファイナンスを日本で教えるのはむずかしい . .　3
  - 1.3　目的は企業価値の最大化！　. . . . .　7
  - 1.4　投資，資金調達，そして配当　. . . . .　10
  - 1.5　理論をどう実践すればよいのか　. . . . .　12

- 第2章　リスクとリターン　　　　　　　　　　　　　　　　　15
  - 2.1　割引率　. . . . .　16
  - 2.2　資本コスト，資本の機会費用　. . . . .　18
  - 2.3　機会費用の基準としての証券市場　. . . . .　21
  - 2.4　CAPM　. . . . .　24
  - 2.5　固有リスクとリターン　. . . . .　27
  - 2.6　DCF 法　. . . . .　29
  - 2.7　データ編：ベータの推定　. . . . .　31
  - 2.8　データ編：マーケット・リスクプレミアムと安全資産利子率 .　35
  - 2.9　要　　約　. . . . .　38

- 第3章　事業価値の計測　　　　　　　　　　　　　　　　　　41
  - 3.1　フリーキャッシュフロー：その1　. . . . .　42
  - 3.2　会計利益とキャッシュフロー　. . . . .　44
  - 3.3　なぜキャッシュフローから考えるのか　. . . . .　49

3.4	不確実な将来キャッシュフローに対する割引率	51
3.5	DCF, NPV, IRR, ROC, EVA	54
3.6	データ編：株主資本コスト	60
3.7	データ編：FCFE と当期純利益	61
3.8	要約	64

第 4 章　資金調達と企業価値　　67

4.1	株主と債権者の将来キャッシュフロー	68
4.2	負債の影響	72
4.3	モジリアニ・ミラーの定理	75
4.4	加重平均資本コスト (WACC)	80
4.5	WACC に対応するキャッシュフロー	84
4.6	会計のバランスシートとファイナンスのバランスシート	86
4.7	データ編：日本企業の資本構成	90
4.8	データ編：アンレバード・ベータと資本コスト	92
4.9	要約	94

第 5 章　投資家への利益還元　　97

5.1	配当政策の重要性	98
5.2	配当と企業価値—モジリアニ・ミラーの定理	101
5.3	配当と税金—それでも好まれる配当	106
5.4	適切な配当水準	108
5.5	現金配当以外の利益還元	113
5.6	データ編：日本企業の配当政策	116
5.7	要約	121

第 6 章　企業評価の手法　　123

6.1	バリュエーション手法の視点	124
6.2	DCF 法	125
6.3	バリュエーションの基本モデル	128
6.4	フリーキャッシュフロー：その 2	131

6.5	バランスシートと企業価値	137
6.6	敵対的企業買収	140
6.7	要　約	144

第7章　資産価格の相対評価　　147

7.1	倍率法による相対評価	148
7.2	倍率法の基本—PER を例に	150
7.3	その他の倍率 — PSR, EBIT 倍率，PBR など	153
7.4	PEG ratio	157
7.5	データ編：日本企業のバリュエーション	160
7.6	ケース編：倍率法によるバリュエーション	162
7.7	要　約	171

おわりに　　175

索　引　　177

Introduction to Corporate Finance

第1章
コーポレートファイナンスの視点

1.1 米国人インベストメントバンカーの講演

　さて，今日はコーポレートファイナンス，1回目の授業です．いきなりさあ勉強をしましょうというのも味気ないですから，まずこの講義の目的は何か，それをみなさんと共有したいと思っています．そこで今日はゲストにリッチー・ウェルシーさんをお招きして，『株主価値の創造――これからの日本企業の在り方――』というテーマでお話していただくことにしました．ウェルシーさんはハーバード大学でMBAを修了し，米国の有力投資銀行であるGold in Socks & Co. でご活躍しておられる方です．特に東京オフィスでの経歴も長く，日本企業の資本政策の立案やM&Aなどに数多くかかわってきました．カタカナでコーポレートファイナンスといっても，ちょっとイメージしにくいかもしれませんので，今日はアメリカ人のインベストメント・バンカーの視点から，日本企業をどう見ているかをうかがってみましょう．お話を通じて，どのようなことがコーポレートファイナンスで話題となるのか，イメージをつかんでいただけるのではないかと期待しています．それではウェルシーさん，よろしくお願いします．

　ご紹介にあずかりました，リッチー・ウェルシーと申します．まずはじめに，この新聞記事からご覧ください．数年前の記事ですが，ある大手製造業の経営者の方のインタビュー記事を，抜粋させていただきました．

> アメリカのビジネススクールの発想をそのまま日本にもってきたところで，うまくいくはずがない．当社の経営方針としては，何よりも従業員の雇用を重視する，と前から言っている．ROE（株主資本利益率）など，経営の目標にはならない．製造業は設備と人間をフルに安定して使うことが経営のポイントなわけで，受注額がどのくらいになるかがすべて．株主資本に対して2割の利益を目標にしろと言われてもできないし，目標にする気もない．

　経営者がこういう発言をしているとなると，わたしとしてはどうもこの会社に投資する気持ちにはなれないのです．資本の効率性であるとか，株主に対す

る利益還元とか，そういった視点が感じられないのですよね．ですから，投資したいと思わない．もっとも，この方はだいぶ前に引退されましたし，それに日本企業の経営者，日本の経済社会はとっても変わってきましたよね．こういった発言はもうあまり耳にしませんし，株主を重視するというのはどの企業の経営者の方も強調するようになりました．

しかし，日本企業が何を目標に事業を行っているのか，長期的な経済の低迷期からどのように発展していこうとしているのか．その目標ということになると，必ずしもはっきりとしていないように思うのです．コーポレートファイナンスは，現在の日本企業が進むべき方向性について，はっきりとした道しるべを示してくれます．株主価値の最大化，そしてそれをどのように実現するのか．コーポレートファイナンスを学ぶことによって，この目標を実現するための有効な手段が見つかるはずです．

——最近の日本企業の資本政策の事例，敵対的買収の事例，M&Aの事例などについて，ウェルシー氏は熱弁を振るった・・・——

1.2 コーポレートファイナンスを日本で教えるのはむずかしい

さて，前回はリッチー・ウェルシーさんにお話をうかがいました．いろいろと興味深いお話を聞けましたし，みなさんからも活発な質問や意見交換があって，とても良かったと思います．繰り返しになるかもしれませんが，もう一度皆さんの感想をちょっと聞かせていただけますか？

> 学生：「たしかにおもしろい話でしたが，正直に言えば，あまり良い印象はもてませんでした．敵対的買収とか，なんだかハゲタカみたいで，どうも好きになれません．そもそも日本企業は，従業員や顧客，メインバンクなど，そういった利害関係者との長期的な関係を重視して成功したわけではないですか．ウェルシー氏が最初にとりあげた日本企業経営者の発言だって，必ずしもおかしなことを言っているようには思えません．ROEとかよりも，

従業員を重視するというのは，日本企業としては当然のことではないでしょうか.」

学生：「でも ROE は目標にならないなんて，時代錯誤であることは間違いないでしょう．株主を無視していると非難されても仕方ないです.」

学生：「たしかに極端な言い方かもしれませんけど，でも日本にはその固有の風土にあった価値基準というのがあるわけで，ぜんぶがぜんぶ，アメリカ流が正しいということではないでしょう．日本企業に成功をもたらした，その強さの根源を簡単に放棄してはいけないと思います.」

学生：「では，失われた 10 年をどう説明するのですか？　たしかに昔はそういう日本的経営というのもうまくいっていたかもしれませんが，過去 10 年はうまくいかなかったわけだし，いつまでも昔話をしているとグローバルな競争に勝ち抜くことはできないでしょう.」

なるほど．やはりそういった話になってきましたね．この授業はコーポレートファイナンスの授業ですから，ちょっと議論の焦点を絞りたいと思います．まず，ウェルシー氏は企業活動の目的は株主価値の最大化である，と言っていたと思いますが，この点についてはどうでしょう．そもそも，企業価値とか株主価値とか，いったい何を意味すると思いますか？

学生：「株主価値というのは株価でしょう．だから企業の目的は株価の最大化.」

学生：「いや，株価なんて信じられませんよ．そもそも企業の価値が毎日変動するなんて，おかしいでしょう.」

学生：「さっきから言ってますけど，企業が株主の所有物だなんていうのがおかしいんです．従業員，顧客，銀行や債権者，それに企業の社会的責任も問われる時代ですよ.」

だいぶ論点が出揃ってきたように思いますので，そろそろ交通整理させてください．まず，わたし自身の感想なのですが，日本でコーポレートファイナンスの授業をするのは，とってもむずかしいのですよね．大学生であれば，まあ簡単なのです．テキストを渡して，こういうものだと進めてしまえば，ああそういうものか，なんて素直に受け入れてくれるわけです．でも皆さんのように社会人学生となると，そうはいきません．それぞれの方が，さまざまな視点から企業についての見方をもっているわけです．

コーポレートファイナンスにおける企業の目的は，企業価値の最大化です．これについては，MBA コースのテキストにははっきりとそう書いてあるのです．ところが，どういうわけか，日本で社会人の方に価値の最大化といっても，みなさんがいろいろな方向に議論をふくらましていってしまう．じつは昨年の授業でもリッチー・ウェルシーさんにきてもらって，同じ内容の講演をしてもらったのですが，授業後の反応はやはり同じでした．つまり，まず企業価値とは何ぞや，という話でつまずいてしまうんですよね．

もう 1 つ，コーポレートファイナンスの授業で厄介なのが，英語の問題です．コーポレートファイナスは「企業財務」と訳されることが多いのですけど，財務って，よく意味がわからないですよね，少なくとも専門家や，そういう仕事をしたことがある人でないと，なんだか漠然としてませんか．経理と何が違うんだろう，そんなふうに思いませんか．英語に戻ってファイナンスというのもよくわからないですよね．わからないときは，辞書を引いてみよう．ということで，研究社の新英和中辞典によりますと

finance
名詞．**1a**（特に公的な）財政，財務．**b** 財政学．
2 [複数形で] 財源，財力，歳入．
他動詞．… に金を融通する，融資する，資金を調達 [供給] する．
『古期フランス語「（お金を払って）事件を終わりにすること」の意』

となっています．最後の語源のところなんておもしろいですよね．こういうのはだいたい，語源に当たったほうがイメージはつかみやすい．このほかにも，

資本 (capital) とか，価値 (value) なんていうのも，なかなかむずかしい．まあ，でもこういうのはまだよいのです．つまり，わたしは語学の専門家ではないのでわかりませんが，おそらく明治期に翻訳語として定まったものはまだよいのです．ファイナンスって何ですか？　財務のことです．財務って何ですか？　ファイナンスのことです．結論は出ませんけど，キャッチボールはできる．

　状況を渾然とさせてしまうのは，コーポレートファイナンスの実務家の間で使われている，まあ専門用語というか，業界用語というか．これはもっと困るわけです．たとえば，企業価値を計算する場合に重要な言葉としてよく使われるフリーキャッシュフローというのがあります．最近の新聞ではこれを純現金収支と訳したりします．フリーキャッシュフローって何ですか？　純現金収支のことです．純現金収支って何ですか？　ネットキャッシュフローのことです．これではキャッチボールをしているのか，ドッジボールをしているのか‥‥．

　それじゃあ困るでしょうと思うのですが，この分野で実務家を 2, 3 人集めて議論すると，結構ドッジボールなんですよね，キャッチボールじゃなくて．ドッジボールならまだ楽しいのですが，場合によっては空虚なカタカナが机上を舞踏して，しばらくたったら，「エビットダー・マルチプルが 6 倍ぐらいだからいいでしょう」「そうですね，まあ相場ですね」なんて言ってお互いに納得したりする．

　こういうのを見ているとですね，日本が滅びるとしたらたぶんこの人たちのせいだ，なんて考えてしまうんです．とても重要な取引をしようとしているのに，意思疎通も意見交換もできていない．でも，何かカタカナが飛び交う．日本がどこかの国に侵略されているのかとでも思ってしまうやりとりです．

　ただ，たしかに面倒なのですよね．バイアウトファンドなんて，どうしたってぴたっとした訳語が見つからない．そうした言葉が次から次へと出てくるわけです．さらに，所属する投資銀行やコンサルティング会社によって，同じ概念も違う名前で呼んでいたりするわけです．そうなると，何かよくわからないけど，まあ，だいたいこういうことだろう．無理に聞いて確かめなくてもいいや．そう思うのもわからなくはないわけです．

たぶん，この二つが主な理由なんですが，とにかくみなさんとコーポレートファイナンスを勉強していくのは，むずかしいんですよね．まず，どういう世界を考えているのかがわかりにくいし，議論を進めていくうえでの言葉がわかりにくい．日本におけるコーポレートファイナンスというのは，こういう状況なんだということをまず確認しておきましょう．そうしないと，せっかく勉強してもなかなかわかった気持ちにならないし，複雑な現実の経済現象と，シンプルなコーポレートファイナンスのテキストで描かれている世界とのつながりがつかない．ですから，まずはコーポレートファイナンスで考えている世界がどういうものなのかを，共通認識としてもてるように議論しておきましょう．言葉や用語の問題については，この授業を通じて，何度もその定義を再確認しながら進めていくようにして，解決したいと思っています．

1.3 目的は企業価値の最大化！

さて，コーポレートファイナンスにおける企業の目的というのは，企業価値の最大化です．これはだいたい合意されているのです．しかし，では企業価値というのをどう測るのかということについては，これは必ずしも統一されているわけではない．たとえば，次のような三つの区別の仕方があると思います．

1. 株主と債権者の資本価値の最大化．
2. 株主資本の価値の最大化．
3. 株価の最大化．

> 学生：「1 の株主と債権者の資本価値の最大化ですけど，これはバランスシートの右側を大きくすればよいということですよね．それなら会社が借金を増やせば価値が増大する，というおかしなことになりませんか？」

ははあ，なるほど．そう考えましたか．会計に強い人は，そう思っても不思議ではないですね．では，ちょっと遠回りになるかもしれませんが，まず先ほどから議論になっている「価値」について考えておきましょう．

次のように定義しておきます．コーポレートファイナンスにおける「価値」とは，将来キャッシュフローの現在価値である．価値の定義にまた現在価値というのが出てきてしまって，ちょっと混乱するかもしれませんが，たとえば株主価値というのは，その企業の株主が将来獲得するキャッシュフローの現在価値．企業価値なら，その企業が将来獲得するキャッシュフローの現在価値．先ほどの質問ですが，たとえば 1. の株主と債権者の資本価値の最大化というのは，あくまでも株主と債権者の得る将来キャッシュフローの現在価値を最大化しましょう，という意味です．会計でいう資本とか負債は，基本的には集めた金額ですよね．誤解を恐れずに言い切ってしまうと，会計というのは過去のキャッシュフローをどう集計するかという視点からスタートしているのですが，ファイナンスは将来のキャッシュフローをどう現在の意思決定に引き戻してくるのかという視点からスタートしています．もちろん会計とファイナンスは大きく重複してくるのですが，この基本的な発想の違いを理解しておくことは重要です．そうですね，4 章の資本構成の議論のあたりで再検討することになると思います．

さて，そうするとコーポレートファイナンスで考えている状況というのは，絵で描けば図 1.1 のような単純な状況ということになります．なんだかがっかりするような単純な絵ですけど，この絵がとても重要です．この授業では，この絵が繰り返し出てきます．絵は単純なのですけど，具体的にはそんなに当たり前のことでもありません．どのようにして将来キャッシュフローを現在価値

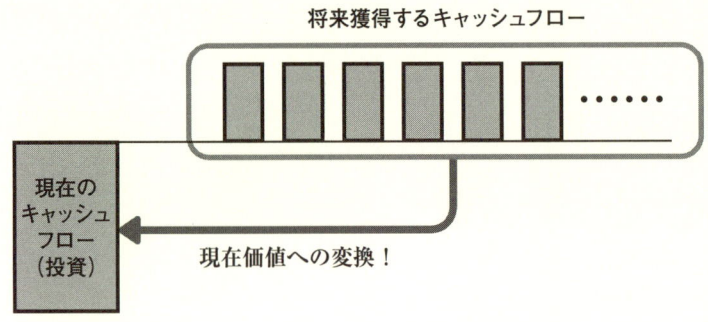

図 1.1　将来キャッシュフローの現在価値

に戻してくるのか．これには多少の準備が必要です．

　まず，今日現在のキャッシュフローではありませんから，時間の調整をしなければいけませんよね．1年後の100万円は今日の100万円ではなく，おそらく時間の分，割り引いて90万円とか，95万円とか，そういう数字になるわけです．

　もう1つ重要なのが，キャッシュフロー自体が確定したものではない，ということです．今日の100万円であれば，それはたしかに100万円なのですが，1年後に企業が事業活動から獲得するキャッシュフローというのは，まだ確定したものではないわけです．直感的には当たり前ですけど，ではその確定しない将来キャッシュフローの現在価値を，どう求めることにするのか．2章ではまずこういったところから話を始めます．つまり，リスクとリターンの関係をどのように整理してあげるか，ということですね．

　基本的には図1.1のような状況を考えて，コーポレートファイナンスはこの図の意味で，たとえば株主価値を最大化するためにはどうすればよいのかを議論するのです．もちろん企業活動にはさまざまな人がかかわるわけで，そういった側面も議論の対象になってくるわけですが，基本的な視点・考え方は，図1.1のような状況なのです．

　逆に，そういうことを議論しましょうと合意してくださらないと，話が進まないのです．議論があっちにいったり，こっちにいったりしてしまいます．もちろん現実の社会は，こんなに単純ではない．いろいろ複雑な現象が潜んでいるわけです．コーポレートファイナンスによる図1.1のような視点は，あくまでも単純化した視点です．現実の現象のごく一側面を切り出しているにすぎない．問題はその切れ味ですよね．この授業を通じてご理解いただけると思いますけど，この切れ味はなかなかよいものです．そういったところを楽しんでいただければよいかと思います．

　一方で，企業活動をキャッシュフローだけに注目して議論するということに，どうしてもなじめないと言う方もいるでしょう．給料を増やしても一生懸命働くわけではない．だいたい世の中，お金だけじゃない．モノの価値にもお金では捉えきれない面がある．たとえば「愛」なんてお金じゃ買えないでしょう．こんなふうに思う方もいるかもしれません．

社会人相手というのは，こういうところでも難しいのですよね．愛はお金では買えない．大学生にそう言えば，そうだそうだ，なんてうなづいてくれるのです．中にはよっぽど良いことを聞いたとでも思うのか，あわてて携帯でメールを打ち始めたりする学生もいたりする．でも，みなさんのように，いい大人を相手にしていると，いや先生ねぇ，愛はお金で買えるんですよ，六本木とかで売ってます，なんてこと言い出したりしますからね．まあ，そういう話はおいといて．企業活動をキャッシュフローだけに注目するというのは，あまりに単純化しすぎていると思うかもしれませんが，コーポレートファイナンスというのは，そのように単純化して視点を統一するから，全体として整合的な議論ができるようになるわけです．これから勉強していくにあたって，その単純さを攻撃するのではなく，単純さによって得られる議論の切れ味を楽しんでいきましょう．

1.4　投資，資金調達，そして配当

さて，3章ではコーポレートファイナンスの基本その1，投資の意思決定を考えます．どのような事業を行えばよいのか，いくつかの選択肢のなかからどのように選べばよいのか．図1.1に戻ってみればわかるように，要するに今日投資を行って，将来回収するわけです．ですから，簡単に言えば，少ない投資金額に対して，なるべく大きな将来キャッシュフローが獲得できるような事業を選べばよいわけですよね．ただし，将来キャッシュフローは，未来のことです．先のことなんて誰もわからないじゃないか．「ははん，さすがに大学の先生は優秀でいらっしゃるから，将来のことがお見通しなわけですね．」ある大企業の子会社の社長さんに，いきなりこう言われて面食らったことがありました．こういう社長さんの下で働くのは大変だろうなと思ったのですが，でも，気持ちはわからないでもない．やってみなければわからんだろう，そういうことですよね．実際に将来のキャッシュフロー，しかも不確実なキャッシュフローを，どう現在の投資金額と比較すればよいのか．コーポレートファイナンスでは，そこのところをどう整理しているのか．これが3章の重要なトピックになります．3章ではさらに，将来キャッシュフローの定義にも触れます．な

ぜキャッシュフローなのか．なぜ会計利益ではないのか．2章での考え方を投資の意思決定に関連づけるためには，どのようにすればよいのかが議論されるわけです．

4章はコーポレートファイナンスの基本その2．資金調達についてです．事業を行うにあたっては資金が必要です．それをどう調達してくるか．一番金利の低い銀行から借りてくればよい．まあそういうことですよね．経営者からしてみると，借金なんて少ないにこしたことはない．それもそうでしょう．ただ，それだけの問題でもない．たとえば株主，つまり出資者は有限責任ですから，仮に事業がうまくいかなくて会社が倒産しても，出資した金額以上の追加負担を要求されるわけではない．そうすると，株主としてはある程度の負債をもってもらって，レバレッジによって利回りを高くしてもらったほうが好ましいかもしれない．債権者，つまり銀行や社債の保有者にとっても，倒産リスクは低いほうがよいですが，一方でなるべく高い金利を支払ってもらいたい．さて，そうなるといったい，株主が出資する金額と，負債によって調達してくる借金の金額と，どういう割合で組み合わせればよいのか．そもそも最適な組合せってあるのだろうか．こういった問題を4章で考えます．

5章はコーポレートファイナンスの基本その3．配当，つまり株主に対する利益還元を考えます．また図1.1に戻りますけど，獲得された将来キャッシュフローは出資者である株主に還元されるわけです．負債があれば，その金利支払の分を債権者に支払って，なお残った残余キャッシュフローを株主に配当することができるわけです．これも単純なようで，じつはなかなかむずかしい．昔の地中海貿易なんかだったら，話は簡単なわけです．資金を集めて商品を買う．船に積んで船出．外国に行って商品を売却するなり，現地の商品と交換するなりして，無事に帰ってこれれば資金の出資者に配分する．それでよいわけです．ところが，現代の企業活動は継続的に行われるので，今期獲得したキャッシュフローを全部株主に渡してしまえばよいかというと，そうもいかないわけです．たとえばその一部を設備更新に使ったりしていかないと，事業は継続できませんよね．さらにまた，他の企業との競争もありますから，より良い製品を作るなりして競争力を高めていかなければならない．株主としても，今期獲得したキャッシュフローをさらに投資にまわしてもらって，将来キャッ

シュフローを成長させてもらったほうがよいかもしれません．ですから，利益還元の問題というのは，企業経営の問題にも深くかかわるわけで，じつは単純な話ではないのです．それではどれだけ利益還元として配当を支払えばよいのか．これが論点になります．5章ではこれに加えて，利益還元の方法，たとえば自社株買いなど，現金配当以外の方法についても検討します．

1.5 理論をどう実践すればよいのか

ここまでが言ってみれば理論編．ここまでの理論に基づいて6章では企業価値や株主価値を実際に求めるための手法について勉強します．いわゆる，企業価値評価，バリュエーションについてです．じつはこれにもいろいろな方法があるのですが，ここではもっとも基本的な DCF (Discounted Cash Flow) 法を扱います．DCF 法は将来のキャッシュフローを割り引いて現在価値にするというのが基本的なアイデアですから，まさに図1.1のような状況を考えていることになります．ただ，将来キャッシュフローを具体的に求めるにはどうしたらよいのか．特に企業を外部から評価する場合，外部に公開されている情報だけから，どう計算すればよいのか．また，その将来キャッシュフローのリスクをどのように測定し，それをどう現在価値に戻してくるのか．こういった具体的な方法論について6章で学ぶことにします．バリュエーションの手法は，実践するための方法論，もしくはマニュアルとしても重要なのですが，具体的な手順のなかに，企業価値最大化というコーポレートファイナンスの考え方が集約されています．したがって，バリュエーション手法を実践してみることは，コーポレートファイナンスの基礎的な考え方を身につけるのに，とても有効です．

6章は言ってみれば現在の適正な株価をどう探すかという話ですが，最後の7章では逆に，現在の株価の水準はどうなっているのかを考えることにします．特に，他の同業他社などとくらべて，現在の株価水準は割高なのか，割安なのか，といった視点で株価や企業価値を眺めてみます．具体的には倍率法（マルチプル）と呼ばれるさまざまな指標を使いながら検討しています．実務でもM&Aでの買収価格算定，株式投資における銘柄選択などで頻繁に用いられま

す．倍率法は単なる割り算による基準化という見方もできますし，あくまでも相対評価にすぎないという面もあるのですが，じつは 6 章までの DCF 法，つまりコーポレートファイナンスの基礎理論の視点から，基本的な意味づけをすることができます．7 章では特にこの点について注目していきましょう．

　以上，いささか駆け足でしたが今後の予定と，コーポレートファイナンスの基本的な考え方，視点について理解していただけたのではないかと思います．次回はまず，将来キャッシュフローを現在価値に引き戻すときの考え方について，議論をしていくことにしましょう．

Introduction to Corporate Finance

第 2 章
リスクとリターン

2.1 割引率

さて,前回指摘したとおり,コーポレートファイナンスにおける企業の目的は企業価値,または株主価値の最大化です.もう少し具体的に言うと,企業が生み出す将来キャッシュフローの現在価値を最大化しようということでした.そのためにはまず,将来キャッシュフローをどのようにして現在価値に引き戻すか.そのための道具が必要になります.図 2.1 を見てください.あるプロジェクトを行うためには投資 I が必要で,それを実行すると将来キャッシュフロー CF が得られる.これを実行するべきかどうかを考えるためには,まず CF を現在価値に戻して,現在の資金であればどのくらいの水準に相当するのかを知る必要があります.その水準と投資金額 I との大小関係で,投資を実行するべきかどうかを判断すればよいわけですよね.

普通,将来キャッシュフローを現在価値に戻すときには,何らかの値で割り引いてあげればよいということになります.つまり,将来キャッシュフロー CF の現在価値 PV (Present Value) は

$$PV = \frac{CF}{1+r} \tag{2.1}$$

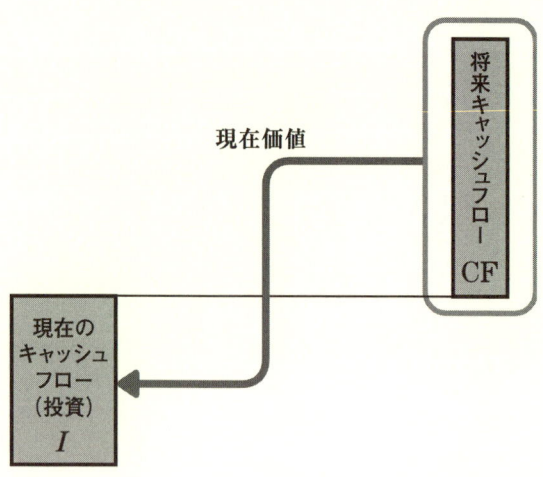

図 2.1 現在のキャッシュフローと将来キャッシュフローの現在価値

というように表されます.まず,分母の割引率 r から考えてみましょう.将来キャッシュフロー CF が確定した値であれば,話は簡単ですよね.たとえば現時点で X 円を銀行に預金して利子率が r であれば,$(1+r)X$ 円を将来受け取るわけです.同じように考えれば,現時点で $CF/(1+r)$ を預金しておけば,将来時点で CF を受け取るわけで,したがって将来キャッシュフロー CF の現在価値は,安全資産利子率で割り引いた値ということになります.

学生:「でも,最近は銀行に預けても銀行がつぶれてしまうかもしれない…」

そうですよね.わたしが大学生のときには,まあ経営が悪化する銀行はあるだろうけど,政府が潰さないだろうなんて思ってましたけど.世の中変わりましたよね.それはともかく,次に不確実な将来キャッシュフロー CF を考えてみましょう.図 2.2 のような状況です.CF はいろいろな値をとりうる.この場合,分母と分子を同時に考えたほうがよさそうですね.分子には何を,分母にはどのような割引率をもってくればよいでしょうか.

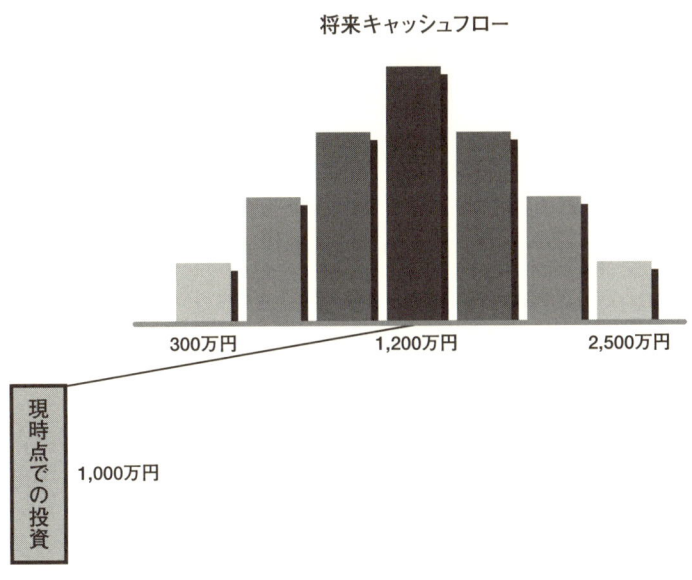

図 **2.2** 不確実な将来キャッシュフロー

学生：「分子は決まっていないのだから，現実的にはまあ，いろいろなシナリオごとに値を決めていくのではないでしょうか.」

学生：「でも，それでは割引率に困ります．やはり何らかの値に分子を決めないと．やっぱり期待値をとるのがよいのではないですか．それで分母には資本コストから決まってくる割引率.」

あ，ちょっと先回りされてしまいましたね．じつはこの分母と分子の組合せというのは，そう単純な話でもなくて，いや，むしろなかなかむずかしい話なんです．この後，何度も強調していきますけど，(2.1) 式を利用するときには分母と分子の整合性がとても重要になります．整合性をとるというのは，どういうことか．それは追々，お話していくことにします．期待値の定義もちょっと後回しにします．

2.2　資本コスト，資本の機会費用

ちょっと質問を変えてみましょう．ずばり，割引率の r というのは，誰が決めるんでしょうか？

学生：「誰と言われても困るんですけど，まあ投資をする人が決めるんでしょうね.」

学生：「でも，それでは人によって全然違う値になってしまいますよね．それではちょっと使いにくいなぁ.」

そうですよね．現在価値を決めるのに，その割引率が人によって違うということでは，あまり都合がよろしくない．誰か有識者にでも決めてもらいますか．たとえば，わたしのような大学の先生にでも．

学生：「それはもっといやだなぁ.」

えーと，クラス参加点はマイナスと．あ，冗談ですよ，もちろん，ご心配なく．
　さて，気を取りなおして．コーポレートファイナンスでは，基本的にこの割引率を資本市場に決めてもらいましょう，と考えます．

> 学生:「ちょっと待ってください. まじめな話, 資本市場で決まるというのは, なんだかあやしくないですか. 基本的にわたしは株価って信じてないですから.」

そうですね. そういう気持ちもわからなくはない. というか, 賛成したい気持ちもある. 実際, コーポレートファイナンスに対する一種アレルギーのようなもの, そしてわたしがコーポレートファイナンスの授業をするのがどうもむずかしいと感じる理由の1つとして, そのあたりの要因もあると思います. ともあれ, ここでは, 正しい・正しくない, 好きだ・嫌いだ, というのはちょっと保留してもらって, もう少し議論を進めさせてください.

割引率は, じつは資本コストと呼ばれることが多いんです. 英語で "cost of capital". みなさんも耳にすることは多いのではないかと思います. そこでまた質問ですが, 資本コストって, いったいなんでしょう?

> 学生:「コストだから, つまり費用ですよね. たとえば負債コストというのは金利利払い額のことでしょうから, 資本コストであれば, 出資者に支払った金額.」

なるほど. では株式についての資本コストとは何でしょうか.

> 学生:「まあ, 配当金でしょうね.」

わかりました. まあ, そうですよね. そう考える方が多いし, そのような意味で使われることも多い. 実際に一理あるのですが, わたしとしては, 負債についても株式についても, 今の答えはあまり正解とは言いたくない.

わたしの好きな説明の仕方は, 資本コストとは資本の機会費用 (opportunity cost of capital) である, というものです. コーポレートファイナンスのもっとも標準的なテキストの1つでは, 次のように説明してます.

> *To calculate present value, we discount expected payoffs by the rate of return offered by equivalent investment alternatives in the capital market. This rate of return is often referred to as the discount rate, hurdle rate, or opportunity cost of capital. It*

is called the opportunity cost because it is the return foregone by investing in the project rather than investing in securities. [1]

ざっと訳してみましょう．現在価値を計算するためには，期待される利得（要するに利得の期待値ですね．）を，同等の投資を資本市場で行ったときに得られる収益率で割り引きます．この収益率は，割引率，ハードルレート，資本の機会費用などと呼ばれます．機会費用と呼ばれるのは，事業プロジェクトに投資をすることによって，証券に投資をした場合のリターンが得られなくなるからです．

ここは重要だと思います．つまり証券市場に投資するのではなく，たとえばある事業に投資したとする．そのときには，証券市場にはもう投資できないわけですから，その意味での機会費用が発生しているのだ，ということです．機会費用という言葉自体も補足説明が必要でしょうね．これも説明しにくいのですけど，モノやカネを使うときに，次善の使い方をしたときに得られる結果とくらべてどうか，ということです．次善の策，ここでは株式を購入するなどして，証券市場に投資を行うという機会を選ばずに，特定の事業に投資するわけです．つまり，次善の機会をあきらめるという費用が発生したと考えるわけです．このテキストによると，資本という資金に対しては，それを使って証券投資を行うことを次善の策とし，それと比較して良いか悪いかを考えましょう，と言っているわけです．

状況としては図 2.3 のような状況ですよね．保有する資金を証券市場に投資してもいいのだけれども，プロジェクトに投資することもできる．だから，プロジェクトに投資するのであれば，それは証券市場に投資するよりも「良い」投資でなければならない．そういうことです．

> 学生：「次善の策というのはよくわかりますが，次善の策がなぜ証券投資，株式投資になってしまうのでしょう．なんだかちょっと飛躍のような気がします．」

---

[1] p.16, Brealey, R. A., S. C. Myers and F. Allen, *Principles of Corporate Finance*, 8th edition, McGrall-Hill, 2006.

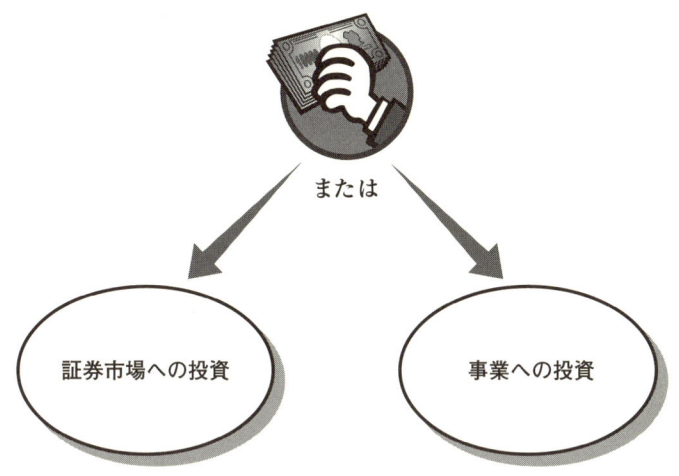

図 2.3　証券市場への投資と事業への投資

　そうですよね．少し余談になりますが，このようにコーポレートファイナンスのもっとも基本的な用語であるはずの "cost of capital" という言葉が，そしてその訳語として定着した「資本コスト」という言葉が，どうも多くの人にとってイメージをつかみにくいものにしている．これがこの分野の不幸な点を象徴してるように思うのです．わたし自身もほかに良い訳語が思いつくわけではないので，あまり強くは言えないのですが，資本コストというのはあまり良い訳語とは思っていません．イメージがわきにくい訳語というのは，どうしてもその意味が漠然としますし，また，一人歩きしかねないですよね．これこそまさに次善の策になってしまうかもしれませんが，of をきちんと訳出して，資本のコストとするか，機会費用というのを省略しないで，資本の機会費用，そんなふうに訳したいところですね．実際，わたしも資本コストと最初に聞いたときには，何のことだかわからなかったですから．

2.3　機会費用の基準としての証券市場

　さて，それはともかくとして，なぜ次善の策が証券市場への投資なのか．この質問にはまだ答えていませんね．実際，この発想にぴたっとくるかどうか，

それが感覚的にコーポレートファイナンスを語れるようになるかどうか，その分岐点にすらなりうると思うのです．それくらい，ここは大事なことだと思ってます．

まず，コーポレートファイナンスという分野は，たしかに米国流なんですよね．つまり，事業を行うかどうかのハードルレートを証券市場で決めるというのは，これはいかにも米国流だとわたしは思うんです．というのは，現存するお金なり富なりを，どう使うか．その意思決定のよりどころとして証券市場を基準にしましょう，ということですよね．さらに言えば，証券市場を基準にすることによって，良い結果が得られるのだという考え方が根底にあるわけです．少なくとも戦後の日本は違ったと思いますよ．どの産業にどれだけ資金を振り分けるのか．それを決めていたのは，基本的に通産省の官僚や一部の政治家だったと思うのです．ところがコーポレートファイナンスでは，その意思決定の基準を市場メカニズムにおく．

そうであるとすれば，おそらくそれでだいたいうまくいくんだ，という直感なり信念があるはずですよね．コーポレートファイナンスの研究者が，みな市場万能主義かというと，そんなことはない．むしろ市場メカニズムの限界を研究している人のほうが多いと思います．ただ，それでも中心的なところでは市場メカニズムの力を基本的に肯定している．全面的に肯定はしないにしても，少なくとも市場メカニズムを利用することの意義を認めていると思うのです．つまり市場は万能ではないですが，基本的に資源配分を市場メカニズムに任せることによって，国家が，社会がだいたい良い方向に進むはずだと．その点については，肯定的だと思うのです．

1章でも触れましたが，コーポレートファイナンスを日本語で，日本人に教えるときには，じつはこのあたりが根本的な障害のようです．日本では市場メカニズムに資源配分の機能を任せるということに対して，じつは抵抗がとても強いですから．だから，議論がかみ合わない．討論の方向が一致してこないで，みなさんがいろいろなことを考え始めてしまう．どうもそういう傾向が強いように思うのです．

　　　学生：「わたしは日本の株式市場が公平なマーケットであると

は，どうも思えなくて．だから，それを基準に何かを決めるというのは，どうもしっくりこなかったのです．でも，たしかに資本主義，市場メカニズムの活用，ということについてはわたしも基本的に賛成です．実際の株式市場はそんなに完璧なものではないけれど，気持ちとしてはよくわかりました．ついでにもう1つ質問したいのですが，ハードルレートとよく言いますけど，これはどう考えればよいのでしょうか．要するに経営者が設定した社内目標だと思っていたのですが．」

それはちょっと視点を変えてみるとよいかと思います．図2.4を見てください．たとえばA社の経営者がいくつか事業の候補をもっている．このうち，どの事業を行うのがよいのか．こういったときに，ハードルレートを越える事業を選択するべきだと言われるわけです．こういう事業選択の話は3章でくわしく見ていくことにしますけど，資本コストとの関係で言えば図2.4のような状況を考えてみてください．つまり，投資家はA社に投資することもできるし，B社でもよい．他の企業でもよいし，さらには事業を自分で行うという

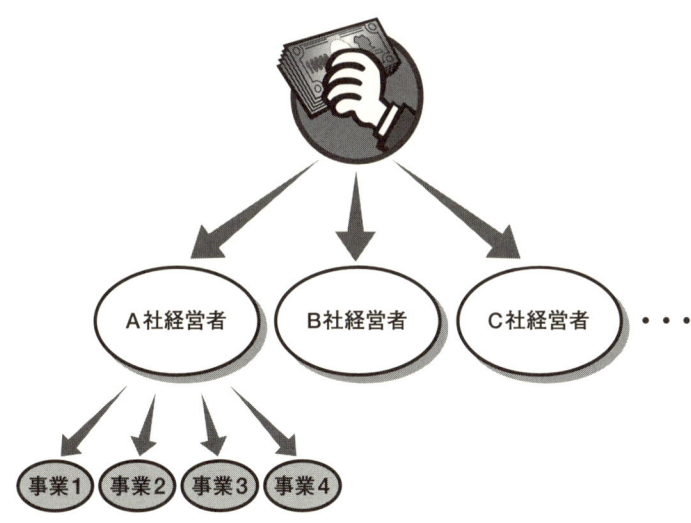

図 **2.4** 投資家の資本の機会費用とハードルレート

選択肢もあったかもしれない.

　結果として，投資家がA社の株式を購入してA社に投資をしたとすると，A社の経営者はそれにどう応えるべきか．この投資家は，他の投資機会への投資をあきらめてA社へ投資した．だからその機会費用を超える結果を出さないといけない．つまり経営者は，投資家の資本の機会費用，つまり資本コストを超える事業を選択するべきである，という理屈ですね．したがって，これが社内での事業の選択にも使われるわけです．

2.4　CAPM

　さて，概念装置の部分は前回の議論で納得してもらえたとして，将来キャッシュフローの現在価値を計算するのに，資本市場の情報を利用していくことにします．そうなると資本市場で将来キャッシュフローがどのような価格で取引されているのか．リスクとリターンの関係がどのように決まっているのか．そういうことを整理するためのモデルが必要になってくるわけです．もっとも標準的なものとしてよく使われるのがCAPM (Capital Asset Pricing Model)です．結果だけ見ると，何だか単純なモデルに見えるかもしれませんが，理論的にはなかなか深い洞察に基づいたモデルです．応用のためには，このモデルが実際の資本市場の様子をどのくらい記述しているのか．つまり理論モデルとして優れていても，使い勝手が悪かったり，データに対する説明力が低かったりするのでは困るわけです．そのあたりのバランスを考えると，CAPMという，まあ初期の単純なモデルかもしれませんが，このモデルが今でもよく使われるのです．

　実際に，資本市場における価格を表現する理論モデルや実証研究は，これがまたたくさんありまして，とても興味深い議論が行われています．ただ，今のところまだ，決定版のモデルというのが提示されたわけでもない．特にコーポレートファイナンス理論の目的は，資本市場のモデル化ではなく，それを利用して企業の財務面での意思決定を議論しようということですから，多くの局面ではCAPMで十分なわけです．

　さて，ここから本格的に不確実なキャッシュフローを議論しはじめるので，

ちょっと準備が必要です．具体的には不確実な変動を表す変数，つまり確率変数という概念と，その期待値と分散を説明しておきます．確率変数というのは，たとえばさいころを考えてみてください．図 2.5 にもありますが，確率 1/6 で 1，確率 1/6 で 2，$\cdots$，確率 1/6 で 6 という数字が出てくるわけです．こういった不確実な変動をするものを確率変数といいます．これをたとえば X で表すことにしましょう．つまり X は確率 1/6 で $X = 1$，確率 1/6 で $X = 2$，$\cdots$，確率 1/6 で $X = 6$ となるわけです．

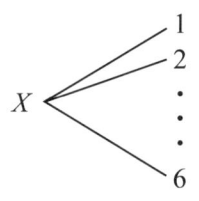

図 2.5 確率変数

さてこの X の期待値 (Expected value) は

$$\mathrm{E}[X] = \frac{1}{6} \times 1 + \frac{1}{6} \times 2 + \cdots + \frac{1}{6} \times 6 = \frac{7}{2}$$

というように計算されます．つまり実現値とそれが発生する確率の積をとって，足し合わせればよいわけですね．直感的には確率変数 X が平均的にとる値のことです．

もう 1 つ重要なのが分散 (Variance) という概念です．確率変数の分散は

$$\mathrm{Var}[X] = \mathrm{E}[(X - \mathrm{E}[X])^2]$$

と定義されます．つまり平均的な値 $\mathrm{E}[X]$ との距離を 2 乗して，その期待値をとったものです．図 2.6 のように，分散が大きいということは，期待値 $\mathrm{E}[X]$ からの乖離が平均的に大きい，つまり散らばりが大きいということですよね．図 2.6 では，確率変数 X のほうが，確率変数 Y よりも散らばりが小さく，分散も小さいという状況を表しています．

さて，それでは X_0 投資して将来 X_1 回収するような場合を考えましょう．ただ将来キャッシュフロー X_1 は不確実であるとします．このときのリターン

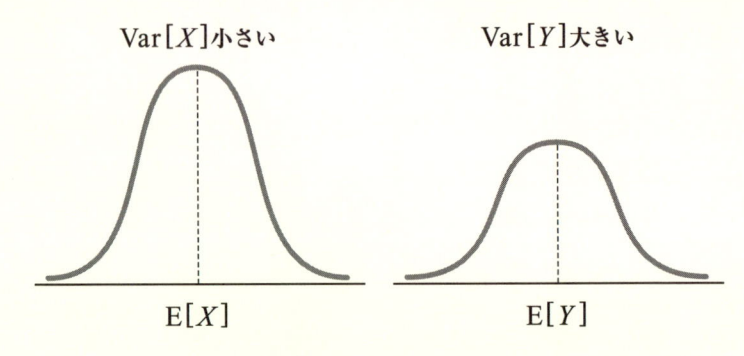

図 2.6　分散の大きさ

(収益，または収益率) は

$$R = \frac{X_1}{X_0}, \quad r = \frac{X_1 - X_0}{X_0}$$

となります[*2]．X_1 が不確実ですから，R と r も不確実，つまり確率変数というわけです．CAPM というのは，裏側にいろいろな意味合いが隠れているんですけど，結果だけ紹介すると，要するに証券のリターンの期待値には

$$\mathrm{E}[r] - r_f = \beta(\mathrm{E}[r_M] - r_f) \tag{2.2}$$

という関係が成り立っていることを主張するモデルです．ここで r_M はマーケットポート・フォリオのリターン，具体的には TOPIX のような市場全体の動きを表すインデックスのリターンを考えておいてください．r_f は安全資産利子率で，国債のような倒産リスクが小さい債券の利回りだと考えてください．市場にはいろいろな証券がありますが，それぞれに β という値を決めることができて，その証券の期待リターン $\mathrm{E}[r]$ は (2.2) 式によって与えられる，とまあそういうモデルになります．$\mathrm{E}[r_M] - r_f$ の部分はマーケット・リスクプレミアムと呼ばれますので，CAPM によれば，各証券の超過期待リターン

[*2] 定義を見ればわかるように，収益 R と収益率 r は少し違います．しかし，多くの場合，どちらを使っても同じことですから，混乱が発生するおそれがなければ，両者を特に区別せずにリターンと呼ぶことが多いようです．

$E[r] - r_f$ は，ベータとマーケット・リスクプレミアムの掛け算として計算できるわけです．

2.5　固有リスクとリターン

これではなんだかわからないと思うかもしれませんので，図 2.7 のように考えてみてください．つまり不確実性要因としては r_M と ε の 2 つがある[*3]．マーケットのリターン r_M は証券市場全体の動き，ε のほうは各証券固有の不確実性要因．さらに ε は平均的にはゼロ，つまり $E[\varepsilon] = 0$ とするわけです．

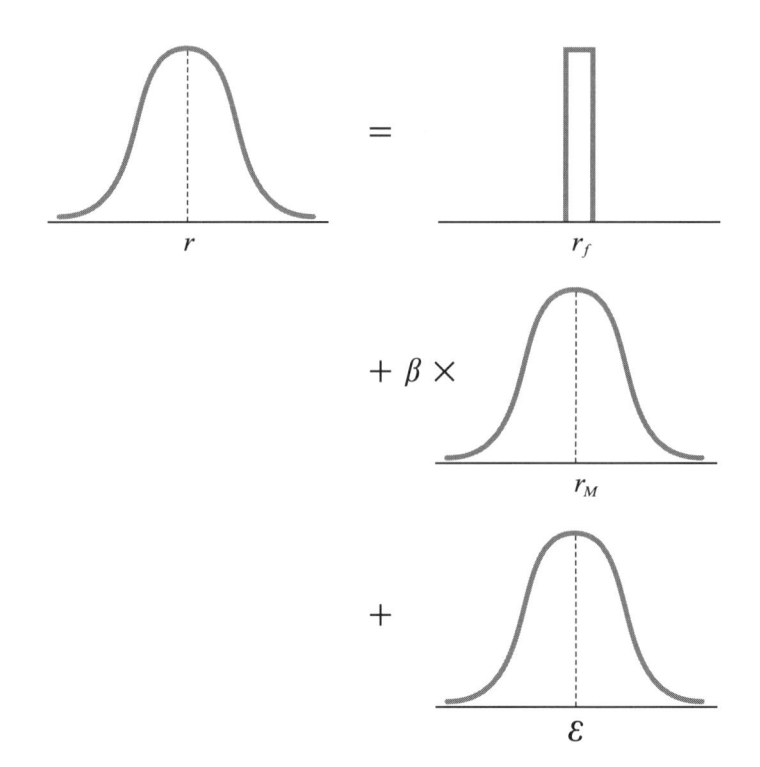

図 2.7　CAPM におけるリターン

[*3] ε はギリシャ文字で「イプシロン」と呼びます．いわゆる誤差項に相当するような部分を表すときによく使われます．

このとき，CAPM から導かれるリターンの変動モデルは

$$r = r_f + \beta(r_M - r_f) + \varepsilon$$

となります．この期待値をとったものが (2.2) 式の CAPM となることはわかるかと思います．

　まあ，これだけシンプルなモデルがそのまま成立しているほど，世の中単純ではない．それはそうでしょうね．でも CAPM は，それほど捨てたものではありません．さすがに今日では実際の，たとえば株式市場が CAPM で正確に描写できると主張する人は少ないのですけど，じゃあこの代わりは，といったときには必ずしも決定版があるわけではない．少なくとも，こういったファイナンス研究の初期，1970 年代では，資本市場はまあ CAPM で結構うまく近似できますね，そのくらいの支持を得ていたわけです．繰り返しになりますが，ここでの目的はコーポレートファイナンスのトピックを議論することですので，CAPM はもちろん完璧なモデルではないけれど，まあだいたいこんなものだ，ということで進むことにしましょう．

　あまりにも単純なモデルだと思う方もいるかもしれませんが，じつはそれでもかなり深い意味をもったモデルなんですよ．$r = r_f + \beta(r_M - r_f) + \varepsilon$ という式にある 2 つの不確実性要因である r_M と ε ですが，これらは独立になります[*4]．証券のリターン r のなかで，r_M と関係している部分は $\beta(r_M - r_f)$ の項にすべて吸収されているので，残りの ε については，r_M と関係ないということですね．

　そこで注目したいのですが，リスクって何でしょう．

　　　学生：「散らばりが大きいとリスクは大きいということでしょう
　　　　ね．ですから r の分散 $\text{Var}[r]$ がリスクを表すのだと思います．」

そうですね．それは直感的ですよね．では逆に，リスクをとることによって得られるリターンって，何でしょう？

[*4] 確率変数 X と Y が独立というのは，$\text{E}[XY] = \text{E}[X]\text{E}[Y]$ ということで，このとき X と Y の共分散や相関はゼロになります．

> 学生：「リスクが分散であれば，リターンは r の期待値でどうでしょうか．」

はい，それもまあ自然な発想ですよね．そこで CAPM をもう一度見てください．ε という不確実性要因からは，何もリターンが得られないということになっていますよね．

> 学生：「ε の期待値はゼロですよね．だらか期待値をとればゼロ，ということではないんですか？」

それはそうなんです．でも ε の分散はゼロではない．だからリターン r の変動には r_M による部分もあるが，ε による部分もある．つまり ε からも分散というリスクが発生しているわけです．リスクが発生しているのに，リターンは得られない．これはいったいどうしたことか．

これを正確に説明するには，CAPM というモデルの詳細を語る必要が出てきてしまうので，ここでは省略しますが，ここが資産価格モデルという所以なわけです．つまり，個々の投資家は ε をリスクとして認識するだろう．でも，市場全体での取引の結果としては，ε に対するリターンは発生しないような価格になるだろう．そういうことを主張しているモデルなのです．なぜそうなるか？　やや細かい話になってしまいますが，市場にはたくさんの証券がありますから，各証券の ε は集計してしまうと打ち消しあってなくなってしまう．直感的に言えば，そういうことです．そしてなくならない部分については，マーケットポートフォリオ r_M で表すことができる．そういう結論を導きだしているのです．いかがですか？結構深い議論が隠れていることをおわかりいただけたでしょうか．

2.6 DCF 法

さて，CAPM というモデルの概要をお話しました．これで基本的に将来キャッシュフローを (2.1) 式によって現在価値に戻す準備ができました．

> 学生：「CAPM はリターンがどう決まるかを示しているモデルで

すよね．事業の現在価値とか，株価の水準とか，要するにリターンではなくて価格水準は議論していないように見えるのですが．」

なるほど．単純な話ですが，大事なところです．まずはリターンの定義に戻ってみましょう．たとえば今期（t 期）の株価を P_t，来期（$t+1$ 期）の株価を P_{t+1} とします．期間中に配当 Div_{t+1} があったとしておきましょう．つまり P_t で株を買った投資家には，配当 Div_{t+1} が支払われ，P_{t+1} で売却できたということですね．キャッシュフローが発生するタイミングは図 2.8 を見てください．

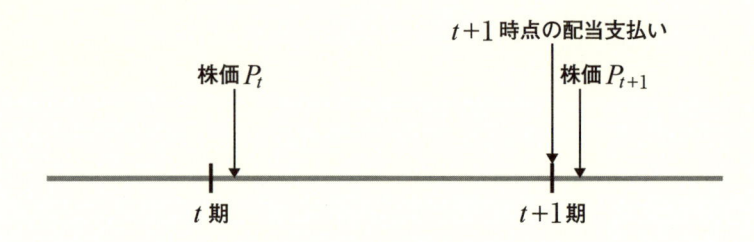

図 2.8 株式のキャッシュフローが発生するタイミング

この投資家にとってのリターン r_t は

$$1 + r_t = \frac{P_{t+1} + \text{Div}_{t+1}}{P_t} \tag{2.3}$$

となります．CAPM によれば，この株式のベータ β に対して

$$\text{E}[r_t] = r_f + \beta(\text{E}[r_M] - r_f)$$

が成立しているということですから，これを (2.3) の期待値をとったものと比較してみましょう．

$$1 + \text{E}[r_t] = \frac{\text{E}[P_{t+1}] + \text{E}[\text{Div}_{t+1}]}{P_t}$$

これを書き換えれば

$$P_t = \frac{\text{E}[P_{t+1}] + \text{E}[\text{Div}_{t+1}]}{1 + \text{E}[r_t]} = \frac{\text{E}[\text{CF}_{t+1}]}{1 + \text{E}[r_t]} \tag{2.4}$$

ということになります．このように P_t の水準を決めているという意味で，CAPM は資産価格モデルになっているんですね．

図 2.1 で問題になった将来キャッシュフローの現在価値を求める作業ですが，分子には将来キャッシュフローの期待値を使う，ということでした．CAPM を前提にして分母に期待リターンをもってくるのですから，分母と整合するように，分子は将来キャッシュフローの期待値ということになるわけです．分母と分子の整合性．これが重要なんです．

> 学生：「理論の部分はわかりましたが，実際にたとえば事業の現在価値を求めようというときに，ベータはどう決めればよいのでしょうか．株式市場であれば決められそうな気もしますが，特定の事業のベータというのは，資本市場で取引されているかどうかはわかりませんし．」

そうですね．実際に利用するときにはそのあたりがなかなかむずかしくて，結局のところベータという値がどこかに書いてあるわけではないので，何らかの形で決めてあげないといけない．ベータの値によって割引率が変わりますので，ベータの選択，したがって割引率の選択によって，事業価値が変わってしまうではないか．だから DCF 法には恣意性があって，使いにくいという意見も出てくるわけです．

ただ，結局将来のことを議論しているのでね，そんなに完璧な方法があるはずもないわけです．完璧ではないにしろ，まあ，だいたい合意できるようなベータの水準はどのように探すことができるのか．具体的な方法論については，ベータ，安全資産利子率，マーケットの期待リターンの 3 変数の様子を眺めながら，考えてみることにしましょう．

2.7 データ編：ベータの推定

2 章で学習した資本コストや安全資産利子率，マーケット・リスクプレミアムについて実際のデータを見てみましょう．

図 2.9 は松下電器産業のベータを算出するために，松下電器産業と TOPIX

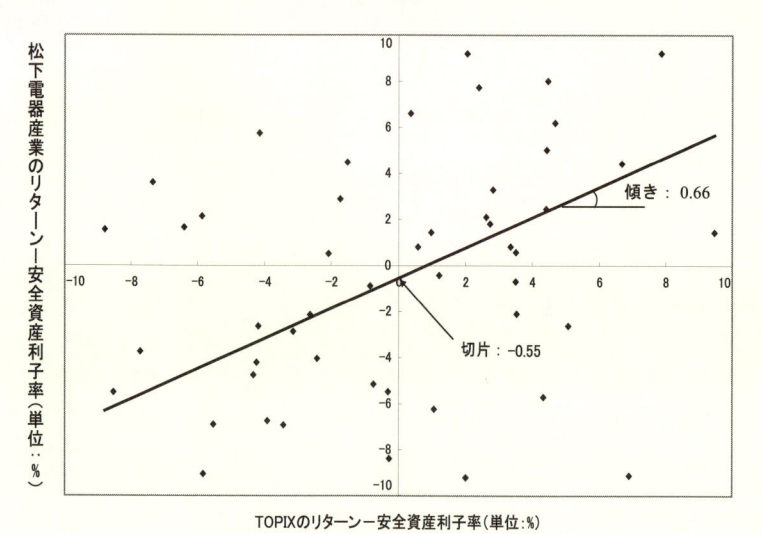

図 2.9 松下電器産業のベータ

の 2000 年 4 月から 2005 年 3 月までの合計 60 ヶ月間の月次リターンをプロットした散布図です．x 軸が TOPIX の月次リターンから安全資産利子率を控除したマーケット・リスクプレミアムで，y 軸は松下電器産業の月次リターンから安全資産利子率を控除した超過リターンです[*5]．図 2.9 の直線は，松下のリターンから安全資産利子率を控除した超過リターンを，TOPIX のリターンから安全資産利子率を控除したリターンへ回帰して得られたものです．

回帰直線の傾きは 0.66 ですが，この値が松下のベータになります．あくまでも 2000 年 4 月から 2005 年 3 月までのデータから推定した値ですので，推定する期間が異なれば計算されるベータも異なる点に注意してください．ベータは，マーケット・リスクプレミアムが 1% 上昇したときに，個別株式のリターンから安全資産利子率を控除したリターン値が何 % 変動したかという感応度を示します．つまり，β が 1 より大きければ，その株式は市場全体より大きく変動し，1 より小さければ，市場全体より小さく変動する傾向があること

[*5] TOPIX は配当込み TOPIX で，安全資産利子率はマネーマーケットの利回りのデータを使用しています．

表 2.1　各企業のベータ

企業	ベータ	企業	ベータ
松下電器産業	0.66	ソニー	1.20
シャープ	1.31	日立製作所	1.42
トヨタ自動車	0.67	日産自動車	0.60
第一製薬	0.45	小林製薬	0.95
三菱商事	0.95	三井物産	0.87
JT	0.21	東京電力	−0.08

を意味します．松下のベータは0.66ですので，安全資産利子率を一定とすれば，TOPIXが1％上昇したときに，松下の株式リターンは0.66％上昇する傾向があったことを意味します．したがって，松下の株価はTOPIXと比較して変動が小さかったことになります．

つづいて，表2.1と表2.2で他の企業のベータや産業ごとのベータについても見てみましょう[*6]．表2.1は日本を代表する企業のベータを示しています．エレクトロニクスメーカー4社のベータを見ると，松下電器産業のベータがもっとも低く，日立製作所のベータがもっとも高いことがわかります．またエレクトロニクスメーカー4社とトヨタ自動車や日産自動車のベータを比較すると，自動車メーカーのベータが低いことがわかります．トヨタ自動車と日産自動車のベータは近い水準にありますが，これは両者のビジネスが相対的に類似していることを反映していると考えられます．

これに対して，第一製薬と小林製薬は同じ医薬品業界に属していますが，ベータの値は大きく異なります．これは第一製薬が医薬品の開発を中心としたビジネスを展開しているのに対して，小林製薬はユニークな家庭用品を製造しているほか大衆薬の卸事業を行うなど，両者のビジネスが大きく異なるためでしょう．

また三菱商事と三井物産のベータは，ともに1にきわめて近い水準です．総

[*6] 表2.1と表2.2のベータは，図2.9と同様に2000年4月から2005年3月までの60ヶ月間の月次リターンから算出しています．

表 2.2 産業別ベータ

産業	ベータ	産業	ベータ
水産	0.75	鉱業	1.72
建設	0.89	食品	0.50
繊維	1.05	パルプ・紙	0.84
化学	0.96	医薬品	0.59
石油	0.80	ゴム	0.94
窯業	1.29	鉄鋼	1.48
非鉄金属	1.16	機械	1.17
電気機器	1.31	造船	1.37
自動車	0.94	輸送用機器	1.09
精密機器	1.21	その他製造	0.87
商社	1.10	小売業	0.78
不動産	1.21	鉄道・バス	0.35
陸運	0.67	海運	1.30
空運	0.83	倉庫	0.68
通信	1.38	電力	0.05
ガス	0.20	サービス	1.02

合商社は石油・石炭などの天然資源に関連する事業から，鉄鋼事業，食品事業，IT 事業などきわめて幅広い事業を展開しているので，総合商社の株価は TOPIX と類似した動きをする傾向があるのだと考えられます．

　JT と東京電力のベータは他社と比較して，低い水準にあります．特に東京電力のベータは，マイナスとなっています．ベータの値が小さいということは，市場の株価変動と比較してその企業の株価変動が小さいことを意味します．JT のベータが低いのは，他社と比較して安定的な事業を展開していることに起因しているのでしょう．東京電力のベータはマイナスになっていますが，これはどういうことを意味するのでしょうか．ベータがマイナスであるということは，その企業の株価は市場の株価とは逆に動くことを意味します．具体的には，TOPIX の株価が 1% 上昇したとき，東京電力の株価は 0.1% 下落する傾向があったということです．

最後に，産業ごとのベータを集計した表 2.2 を見てみましょう[*7]．表 2.1 で見たように，電力やガスなどの産業ではベータが低くなっています．また総合商社が属している商社はベータの値が 1 に近く，TOPIX の変動と商社の株価変動が類似していることがわかります．これに対して，鉱業や鉄鋼，窯業，造船，電気機器などのベータは相対的に高い水準です．

ベータはさまざまな要因によって決まりますが，トヨタ自動車や日産自動車のように類似した事業を行っている企業のベータは比較的近い水準にあることがわかります．同時に，第一製薬や小林製薬のように，同じ産業に属していても事業の内容が違っていれば，ベータも違ってくることに注意してください．

2.8 データ編：マーケット・リスクプレミアムと安全資産利子率

表 2.3 は，1952 年 1 月から 2004 年 4 月における日本市場の年率換算したマーケット・リスクプレミアムを要約したものです．「株式－短期債」とは，東

表 2.3 日本市場のマーケット・リスクプレミアム：1952 年–2004 年（単位：%）

期　間		株式－短期債		株式－長期債	
from	to	算術平均	幾何平均	算術平均	幾何平均
1952 年 1 月	2004 年 4 月	7.40	5.73	7.25	5.59
1952 年 1 月	1959 年 12 月	22.48	20.30	22.81	20.67
1960 年 1 月	1969 年 12 月	7.39	5.99	8.85	7.45
1970 年 1 月	1979 年 12 月	6.01	4.77	6.05	4.83
1980 年 1 月	1989 年 12 月	14.54	13.50	13.92	12.89
1990 年 1 月	1999 年 12 月	−4.46	−6.99	−5.83	−8.34
2000 年 1 月	2004 年 4 月	0.02	−1.33	−1.24	−2.60

出所：イボットソン・アソシエーツ

[*7] 東京証券取引所の第 1 部あるいは第 2 部に 2005 年 3 月期時点で上場している各社についてベータを算出し，業種ごとのベータの平均値を計算しました．業種分類として日経業種中分類を用い，銀行・証券・保険・その他金融の 4 業種をサンプルから除外しています．

京証券取引所1部上場企業のマーケット・ポートフォリオのリターンから，マネーマーケットのリターンを控除して計算したリスクプレミアムです．また「株式－長期債」は同じく東証1部上場企業のマーケットポートフォリオのリターンから，日本の長期国債のリターンを控除して算出したリスクプレミアムです．

日本における過去50年間のマーケット・リスクプレミアムは，算術平均では約7.25–7.4%，幾何平均では5.6–5.7%前後となっています[*8]．

10年ごとのデータを見ると，1950年代のリスクプレミアムは20%を超えていますし，また1980年代も10%を超えています．

これに対して，1990年代や2000年以降ではリスクプレミアムがマイナスになっています．本来，株式と安全資産では株式のほうがリスクが高いので，リスクプレミアムはプラスになるのが一般的です．しかし1990年代以降，日本の株式市場は長期的に低迷しており，株式のリターンが債券などの安全資産のリターンを下回るという現象が生じました．このため，1990年代以降ではリスクプレミアムがマイナスになっているのだと考えられます．

また図2.10は，1952年1月から2005年4月までの日本における安全資産利子率の推移を示しています．ここでは，長期国債の利回りとマネーマーケットにおける短期の利回りの二つの推移を表しています．この図より次の3点が明らかになります．

第1に，長期国債の利回りよりもマネーマーケットの利回りのほうが変動が大きいということです．第2に，長期国債の利回りに着目すると，1952年から1992年までの間は多少の変動はありますが，5〜10%の間を推移していたということです．第3に，1992年以降は長期利回りも短期の利回りもともに

[*8] 全体で n 個の収益率のデータがあり，第 i 年の収益率を r_i とし，それらを

$$r_1, r_2, r_3, \ldots, r_n$$

とすると，算術平均と幾何平均は次のように定義されます．

$$\text{算術平均} = \frac{1}{n}\sum_{i=1}^{n} r_i \quad \text{幾何平均} = (\prod_{i=1}^{n} R_i)^{\frac{1}{n}}$$

なお，R_i は $1+r_i$ と定義します．

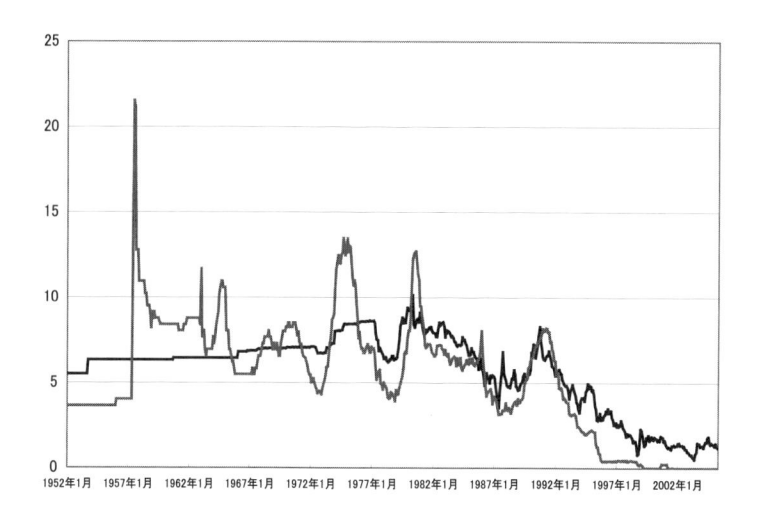

図 2.10 日本市場の安全資産利子率：1952 年–2005 年

5%を下回っており，特に 1996 年以降はきわめて低い水準となっているということです．

表 2.4 は，1985 年–2003 年の各国における年率換算したリスクプレミアムを示しています．この期間では日本市場では株式のリターンよりも，債券のリターンのほうが高く，リスクプレミアムがマイナスになっています．一方，他の国々のリスクプレミアムはプラスになっており，同期間の日本市場が特異であったことを指摘することができます．

アメリカのマーケット・リスクプレミアムは，算術平均で 4.11%，幾何平均では 3.05% となっています．リスクプレミアムがマイナスになっている日本を除いた 10 カ国について，リスクプレミアムの平均値を計算すると，算術平均だと 4.78%，幾何平均では 2.88% となります．したがって，アメリカのリスクプレミアムは各国の平均値に近い水準にあるということができるでしょう．

表 2.4　各国におけるリスクプレミアムと安全資産利子率：1985 年–2003 年（単位：%）

	算術平均			幾何平均		
国　名	株式	債券	リスクプレミアム	株式	債券	リスクプレミアム
日本	3.84	7.97	−4.13	1.78	7.68	−5.90
オーストラリア	14.09	10.72	3.37	12.36	10.57	1.80
カナダ	10.96	9.74	1.22	9.67	9.57	0.10
フランス	13.70	8.90	4.81	11.41	8.80	2.61
ドイツ	11.57	6.82	4.74	8.75	6.77	1.98
イタリア	14.57	11.04	3.52	11.56	10.97	0.59
オランダ	12.55	7.15	5.40	10.80	7.09	3.71
スペイン	16.53	10.01	6.52	13.12	9.31	3.81
スイス	13.02	5.10	7.92	11.26	5.04	6.22
イギリス	11.79	5.59	6.20	10.35	5.38	4.96
アメリカ	13.86	9.74	4.11	12.59	9.55	3.05

出所：イボットソンアソシエーツ．株式リターンのデータは Morgan Stanley Capital International (MSCI) より，また債券リターンのデータは Citigroup より．なお，スペインのみ 1991 年–2003 年．

2.9　要　約

- コーポレートファイナンスにおける企業の目的は，企業価値の最大化．つまり，企業が生み出す将来キャッシュフローの現在価値を最大化することである．
- 将来キャッシュフローの現在価値は，将来キャッシュフローを資本コストで割り引くことで算出される．
- 資本コストとは証券市場が要求する収益率を指し，資本の機会費用である．
- CAPM とは，証券のリターンの期待値には次式の関係が成り立ってい

るとするモデルである．

$$\mathrm{E}[r] - r_f = \beta(\mathrm{E}[r_M] - r_f)$$

- リスクとは，証券のリターン r の分散 $\mathrm{Var}[r]$ になる．
- 将来キャッシュフローの現在価値を求める場合，分母には CAPM を前提として期待リターンをもってくるので，分母と整合するように，分子には将来キャッシュフローの期待値を用いる．

Introduction to Corporate Finance

第3章
事業価値の計測

3.1 フリーキャッシュフロー：その1

さて，2章では将来キャッシュフローを現在価値にするための準備として，CAPMについて解説しました．こういったモデルを使って資本市場でのリスクとリターンの関係が把握できたわけです．もう何度かお話してきましたが，不確実な将来キャッシュフローを現在価値に引き戻すときには

$$PV = \frac{CF}{1+r}$$

という関係式を考えるのでしたよね．ここでは上の式の分母と分子にどのような数字を入れればよいのか，もう少し具体的に議論していきましょう．まず，分子のキャッシュフローから考え始めましょう．

キャッシュフローとは，要するに発生する現金の流れですから，簡単に記述できるだろうと思うかもしれません．しかし実際に発生した現金の動きのうち，どこまでを，なぜ利用するのかということは，必ずしも単純なことではありません．たとえば，キャッシュフロー計算書が現金の出入りを報告しているのだから，そこから各期に入ってくる金額と出ていく金額の差をとればよいかというと，じつはもう少し議論が必要になってきます．重要なことは，いま興味があるのは企業価値の測定やその最大化であるということです．したがって，企業価値に影響を与えるようなキャッシュフローを計算したいということになります．

> 学生：「DCF法であれば，分子にはフリーキャッシュフロー，分母には資本コストですよね．」

そうですね．分母の割引率に資本の機会費用を用いるというのは，2章の議論で想像できると思いますが，その分母に見合った適切な分子として，フリーキャッシュフローと呼ばれる概念があります．ただそのフリーキャッシュフローですけど，ちょっと取り扱いに注意が必要だと思いますので，後ほど6章のところでじっくりと議論します．ここでは，定義だけを簡単に紹介しておきますから，とりあえず公式とでも思っておいてください．6章では，その気持ちみたいな部分にこだわってお話することにしますので．

それから，4章で議論するのですけど，キャッシュフローも割引率も，企業の資本構成，つまり企業の資金調達方法によって影響を受けます．その点についてはここではとりあえず考えないことにして，まずは全額株主資本で資金調達して，負債はゼロであるとして話を進めましょう．このとき，フリーキャッシュフローは

$$\text{フリーキャッシュフロー (FCFE)}$$
$$= 純利益 + 減価償却費 - 資本支出 - \Delta 運転資本$$

と定義されます．ここで FCFE ですけど，Free Cash Flow to Equity の略で，株主にとってのフリーキャッシュフローという概念です．あとで FCFF(Free Cash Flow to Firm) という，企業全体にとってのフリーキャッシュフローという概念も出てきます．じつは FCFF のほうがバリュエーションではよく使われるのですが，ここでは先ほども言いましたように，資本構成の影響がないように，株主資本 100% の場合を考えていますから，FCFE で話を進めましょう．

さて，損益計算書は基本的に次のような形式でしたよね．

	売上
−	売上原価
	売上総利益（粗利益）
−	販売費及び一般管理費
	営業利益
±	営業外損益
	経常利益
±	特別損益
	税引前利益
−	税金
	当期純利益

これを見ればわかるように，純利益は税金や利子を支払ったのちに残る，株主についての利益ですよね．フリーキャッシュフローは，株主に対する会計上

表 3.1　FCFF：その 1

会計数値	キャッシュフロー	差額が発生する原因
売上	売上現金収入	売上債権の増減
− 営業支出	− 営業現金支出	棚卸資産の増減
− 減価償却費，償却費	= 営業現金収支	仕入債務の増減
= 営業利益		減価償却費，償却費
営業利益	営業現金収支	
税金	− 税金の現金支払額	未払税金の増減
= 税引後営業利益	= 税引後の営業現金収支	
税引後営業利益	税引後の営業現金収支	運転資本の増減
	資本支出	減価償却費，償却費
	= FCFF	未払税金の増減，資本支出

の利益を補正していることになります．では具体的にどのような補正をするのか．これを表 3.1 にまとめておきます．基本的には，会計上の数値と，現金の動きの違い，それを補正しようというものです．

3.2　会計利益とキャッシュフロー

さて，それではなぜ会計利益ではなくて，キャッシュフローに注目するのでしょうか．

> **学生**：「キャッシュフローに注目するというのは，会計が何か間違っているということなんですか？　会計にもキャッシュフロー計算書はあるし，キャッシュフロー自体，重視されるようになってきていると思うのですが．」

そうですね，たしかに会計制度のなかでもキャッシュフローの重要性というのは，最近はよく強調されます．ただ，これはどちらが正しくて，どちらが間違っている，という話ではないのです．むしろ，会計の基本的な仕組みや考え方を理解しておくことが重要ですよ，ということだと思います．

いくつか基本的なところを確認しておきましょう．まず最初に，会計上の売上や利益といったものと，キャッシュフローが発生するタイミングにはずれがあります．スーパーマーケットで100円のパンが売れました．売上が100円で，もろもろの費用を引いて利益が20円．こういった話は単純です．しかし，スーパーマーケットに商品を卸している業者はどうでしょうか．スーパーに商品を100万円分納入した．その仕入れ代金をスーパーがいつもニコニコ現金払いしてくれればよいのですけど，だいたい掛売りということになりますよね．つまり，たとえば月末などにまとめて代金が支払われる．その意味で，商品を納入して売上が発生するときと，キャッシュフローとして代金が支払われるタイミングは同じではない．

まあ，順調に支払が行われればよいですが，たとえばスーパーマーケットが突然倒産してしまった．そんなときにはどうでしょうか．貸倒引当金とかを無視して単純に考えることにしますが，何もしなければ会計上の利益とキャッシュフローは，金額もタイミングも違ってきますよね．たいしたことではないように思うかもしれませんが，売上債権，仕入債務，棚卸資産などの運転資本の管理は，経営上大きな問題ですからね．

次にもう少し中長期の問題として，設備投資の会計処理があります．たとえば工場を新しく建てて，図3.1のように現時点で現金を支出したとしましょう．しかし，支払った金額を今期の費用としてしまうと，おそらく今期の利益は大きな赤字になってしまうでしょう．ところが，この工場を建てることによって，将来何期にもわたって製品を生産していくわけです．そして，それによって現金収入が入ってくるわけですよね．そうであるとすれば，今期の大赤字というのは必ずしもこの事業活動の状況を正確に表しているとは思えない．そこで会計上はこういった支出を資本支出と呼んで，人件費や原材料費のような営業支出と区別するのです．

こういった会計処理の根拠となるのが，発生主義という考え方です．つまり，たしかに工場を建てるための支払は今期に行った．しかし，その工場を使うのは，工場が稼動して製品が作られる来期以降である．したがって，工場を使うときにそれに対する費用が発生したと考えることにしましょう．これが発生主義の考え方です．工場などの固定資産の場合，このような費用を減価償却

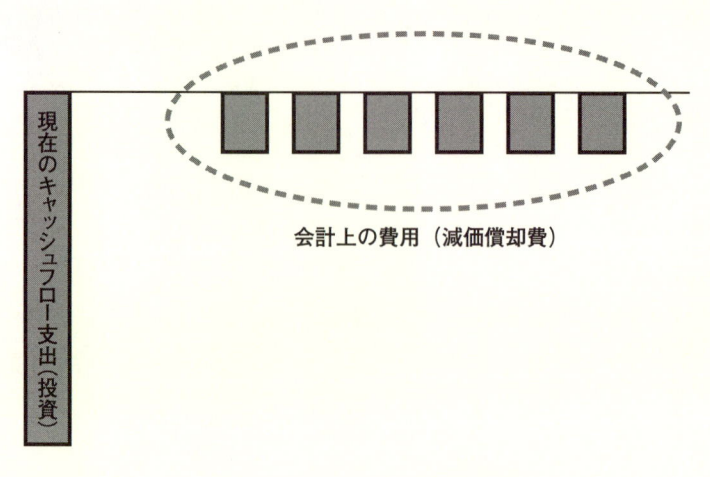

図 3.1　設備投資と減価償却費

費と呼びます．

　ここで注目したいのは，図 3.1 の例で，現金の動きはあくまでも今期に起こるということです．来期以降は，実際には何の現金支出も発生していませんよね．しかし，会計上は減価償却費という費用が発生する．したがって会計上の利益（＝売上－費用）は，図 3.2 のように収益と費用の対応を通じて，事業の収益性がうまく表現できるというわけです．

　　学生：「そうすると会計処理したほうがよいのではないですか？
　　　　　何も無理にキャッシュフローに戻さなくても…」

　　学生：「ただ，会計上は利益があるのに現金が足りなくなって，いわゆる黒字倒産 とかが発生したりしますから．やはりキャッシュフローの管理は重要でしょう．」

そうですね．その意味でキャッシュフローの管理，資金繰りの管理は大切なわけです．でも，資金繰りの問題だけを見るためにキャッシュフローを考えるのではありません．

　まず，会計上の処理の違いによって，結果的にキャッシュフローの水準に影響が出てくることです．何かよい具体例はありませんか．たとえば減価償却の

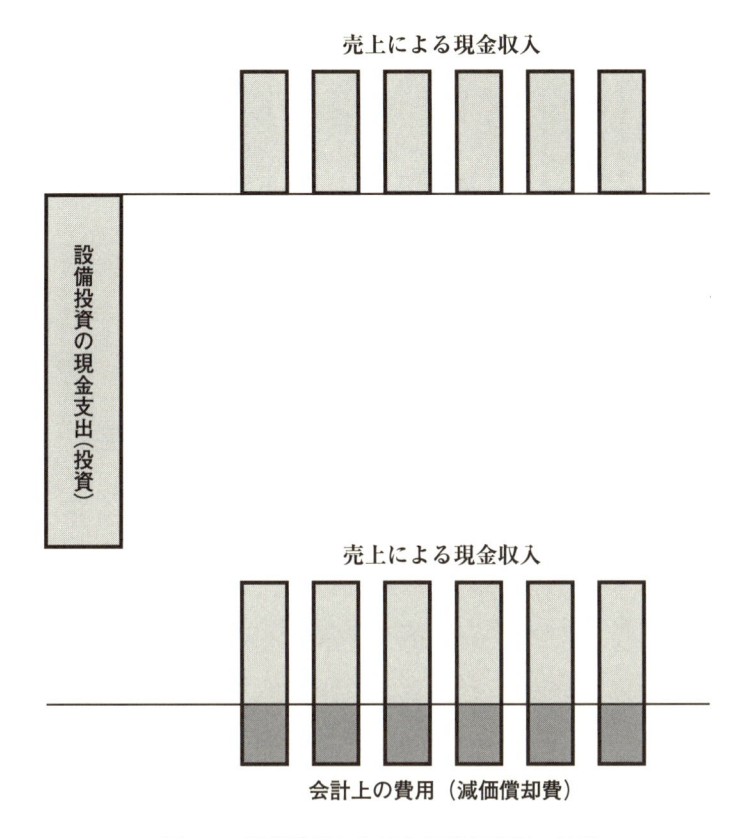

図 3.2 設備投資における収益と費用の対応

方法を変えたらどうでしょうか．

> **学生**：「でも先ほどの説明を聞く限りでは，現金の動きには影響しないでしょう．だって，まず現金が動くのですから，それをどう処理したところで，もとの現金の動きは変わりませんよね？」

> **学生**：「でも税金の支払額は変わりますよね．」

そうですよね．これは 4 章でも問題になりますけど，税金は基本的に会計上の利益に対して課税されるわけです．ですから，会計上の利益が大きくなればそれだけ税金支払額も大きくなる．つまり，キャッシュフローも変化するという

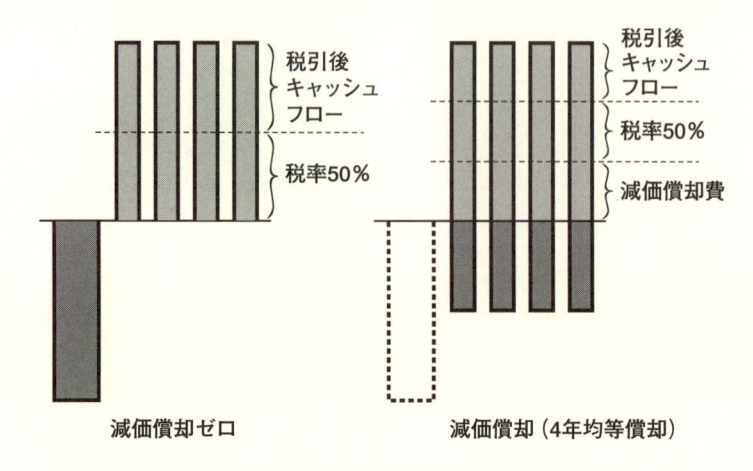

図 3.3 減価償却と税引後キャッシュフロー

ことです．図 3.3 は税率を 50% として，簡単化して考えてみました．減価償却費がゼロの場合と，3 年で均等償却した場合の税引後キャッシュフローを比較しています．

> 学生：「なるほど．たしかに会計利益とキャッシュフローに違いがあることはわかりました．でも，なぜキャッシュフローにこだわる必要があるのか，まだよくわかりません．むしろキャッシュフローに会計処理をするからこそ，事業や企業の真の姿が捉えられるのではないですか？」

> 学生：「わたしもそう思います．わたしのような証券アナリストの視点からすると，キャッシュフローは毎年すごく変動して使いにくいんですよね．もちろんそこから見えてくる情報も多いのですけど．ただ，一方では経営者の利益操作みたいなことも気になります．会計上の利益の水準って，もちろん監査は受けているのでしょうけど，何か経営者によって恣意的にコントロールされている印象もあります．」

そうですね．特に企業の外部者にとっては，キャッシュフローがどういうかたちで公表された会計上の利益の水準になっていったのか．それは完全にはわからないですよね．実際に企業評価をするときには，キャッシュフロー計算書の情報がとても役に立ちます．その意味でキャッシュフローも見ることができるというのは，大変情報量が増える．

でも，だからといって会計利益は見る必要がないかというと，そういうことでもないのです．図 3.2 のような企業の収益性といった話は，キャッシュフローからは逆にみて取れないわけです．そうすると，結局会計利益とキャッシュフローと，両方きちんと見ましょうね，ということになります．

　　　学生：「要するに両方見ることが大事なわけですね．」

3.3　なぜキャッシュフローから考えるのか

ええ，おっしゃるとおりです．ただですね，コーポレートファイナンスを初めて学ぶときには，まずキャッシュフローから考えるようにしてください．

　　　学生：「なんだか混乱してきますね．」

つまり，こういうことです．ファイナンスの基本的な考え方やアイデアは，会計という道具を使わなくても理解できる．もっと言うならば，会計の知識というのは，一度頭のなかから取り除いてもらって，キャッシュフローだけで考えるようにしてもらったほうが，特にわれわれとしてはありがたいのです．そう，ぜひ皆さん，若返って高校生にでも戻ったつもりで勉強してください．

　　　学生：「いやー，そういわれてもあんまり昔のことで…」

ええ，それもよくわかるのですけど．ともかく，まずはキャッシュフローだけで考えることに慣れるようにしてください．

社会人の方には，じつはこれが意外とむずかしい．むずかしいのはわかるのですが，これが意外と重要なのです．ファイナンスを学ぶにあたって，キャッ

シュフローに注目しなければいけない理由．それにはどのような理由があると思いますか．

> 学生：「よく言われるのは，会計利益を増やすという目標を設定してしまうと，期末になると取引先に無理やり納品して売上を伸ばして，今期の利益を増やそうとしたりする．そういうのは，たとえば倒産リスクが大きな取引先だと不良債権化してしまったり，在庫の管理がうまくいかなくなったりして，結果として現金収入に結びつかない．だからキャッシュフローに気をつけなさい，といった話はよく聞きます．」

> 学生：「あと，やはり資金繰りの問題ですよね．現金が足りなくなってしまうと，利払いも滞るし，事業活動にも影響する．だからキャッシュフローには気をつけないと．」

どちらもきわめて重要ですけれど，これまでお話してきたファイナンスの理論的な枠組みのなかで考えてみてもらえますか．理論的なモデルのなかで，なぜキャッシュフローで考えるべきなのか．

> 学生：「…」

 もちろん指摘していただいた点はとても重要です．たとえばキャッシュフロー経営なんていう言い方がされたりしますが，多くの場合，みなさんがキャッシュフローの重要性ということでまず思い浮かべることは，いま指摘していただいたような点でしょうね．ところが，そういった話はコーポレートファイナンスの授業をする立場のわたしとしては，むしろ二次的な問題です．ではわたしが考える，キャッシュフローで考えることの重要性．もっとも重要な点はなんだと思いますか．コーポレートファイナンスの問題を，ある意味で感覚的に語れるようになるために，絶対にはずしてはいけないこと．いかがでしょうか？

 別に秘密めいた話ではないのです．ちょっと，この授業の最初の議論に戻ってみましょう．コーポレートファイナンスにおける企業の目的を議論しましたよね．

学生：「企業の目的とは，企業が生み出す将来キャッシュフローの現在価値を最大化すること．」

そう．それで将来キャッシュフローの現在価値はどう計算するのでしたか．

　　学生：「将来キャッシュフローの期待値を分子に，割引率を分母にして，DCF 法を用いる．」

お見事！そうですよね．そしてその分母と分子の整合性をとるために，CAPM という資本市場のモデルが使われるわけです．資本の機会費用，資本コストという考え方でしたね．そして CAPM は，資本市場とそこでの投資家の視点から理論が組み立てられていました．これが話の骨格なわけです．ここまで会計の話は出てこないですよね．その意味でコーポレートファイナンス理論の骨格を捕まえるまでは，むしろ会計の知識や考え方はもち出さないほうがよい．というのは，そういった知識をもち込んでしまうことによって，コーポレートファイナンスのなかでの中心的な考え方やアイデアがぼやけてしまう．

　われわれの目的は，複雑怪奇な企業金融にまつわるいろいろな現象を，ファイナンスの観点から切れ味鋭く切り出すこと．これが目標なわけです．ですから，現実の問題を考えるときには，会計の知識や発想は大いに役立つ．それどころか，基本的なことがわかっていないと，話にならない．ただ，最初に勉強するときには，まずコーポレートファイナンスではどのように考えるのかという，発想というか基本概念みたいなものをまず捕まえることが重要です．そのためには，むしろ会計の知識を一度忘れて考えてみてください，ということです．会計とファイナンス．どちらが正しいとか，どちらが重要だとかいった話をしているのではけっしてありませんから，十分に気をつけてください．

3.4　不確実な将来キャッシュフローに対する割引率

　さて，それでは次に

$$PV = \frac{CF}{1+r} \tag{3.1}$$

の分母の割引率を見てみましょう．資本構成の影響は次の章で触れますので，引きつづき，とりあえず負債はないとして，100%株主資本の企業を考えます．さて，これを具体的にどう求めればよいのでしょうか．

> 学生：「CAPM を前提にしていますから，株価データからベータを計算すればよいのですよね．」

そうですね．あっさりと言ってしまえば，そういうことです．

> 学生：「ただ，いつも混乱するのですが，株価の変動リスクのモデルである CAPM と，DCF 法で使う将来キャッシュフロー，特に (3.1) との関係がどうもしっくりこないんです．つまり株価が上がるか下がるかという話と，企業のキャッシュフローがどう変動するのかという話が，いまひとつつながらないのです．」

なるほど．では次のように説明してみましょう．まず，今期の株価を P_t，来期の株価を P_{t+1} とします．株式のリターン r_t は

$$1 + r_t = \frac{\mathrm{CF}_{t+1} + P_{t+1}}{P_t}$$

でしたから，まず両辺の期待値をとってから，価格 P_{t+1} について同様の価格式を代入すると

$$P_t = \frac{\mathrm{E}[\mathrm{CF}_{t+1}]}{1 + \mathrm{E}[r_t]} + \frac{\mathrm{E}[P_{t+1}]}{1 + \mathrm{E}[r_t]}$$

となりますよね．ですから，株式のリターンというのは次の期の株価と配当などのキャッシュフローがどうなるか，ということで決まるわけです．この意味で株価のモデルと，株式のリターンのモデルはコインの表裏のような関係で，DCF 法を前提に次の期の株価 P_{t+1} が

$$P_{t+1} = \sum_{k=1}^{\infty} \frac{\mathrm{E}[\mathrm{CF}_{t+1+k}]}{(1 + \mathrm{E}[r])^k}$$

で決まるとすれば，今期の株価 P_t も

$$P_t = \frac{\mathrm{E}[\mathrm{CF}_{t+1}]}{1 + \mathrm{E}[r_t]} + \frac{1}{1 + \mathrm{E}[r_t]} \left(\sum_{k=1}^{\infty} \frac{\mathrm{E}[\mathrm{CF}_{t+1+k}]}{(1 + \mathrm{E}[r])^k} \right) = \sum_{k=1}^{\infty} \frac{\mathrm{E}[\mathrm{CF}_{t+k}]}{(1 + \mathrm{E}[r])^k}$$

というかたちに帰着するわけです．この意味で，DCF 法で計算された株価と，その株式のリターンは密接に関係していて，さらに，企業の将来キャッシュフローを株価の期待リターンで割り引けばよいという考え方が出てくるのです．

> 学生：「なるほど！だから株価のリターンデータと企業の将来キャッシュフローの不確実性が結びつくということですね．」

そうです．ですからたとえば 2 章の図 2.4 を思い出してくださればよいのですが，A 社の経営者が事業を選択するときには，A 社の株主がどれだけのリスクを負っていて，それに対してどのくらいの期待リターンを求めているのかを考えなければいけない．そしてその水準を，A 社の株価の動きから読み取ることができるというわけです．

CAPM を使って，リスクに見合った期待リターンが計算されますから，A 社が事業を選ぶときにはその期待リターンを超えるべきである．つまり，資本コストがハードルレートになるということですね．

> 学生：「でも多くの企業が複数の事業を行っていますよね．多角化経営という場合です．そうすると，いくつか行われている事業のそれぞれのリスク水準は，必ずしも同じではないですよね．その場合も同じ A 社の株価リターンからベータを求めてきて，同じハードルレートを使えばよいのでしょうか．」

現実にはむずかしいかもしれませんが，基本としては各事業ごとに適正なリスクの水準を決めて，各事業ごとに期待リターンの水準を決めるというのが基本です．ですから，たとえば A 社が既存事業とはまったく異なる新規事業に進出するといった場合には，これまでの A 社の株式リターンから求めたベータでは具合が悪いわけです．その新規事業のリスクは，これまでの株価には反映されていないはずですからね．

そこでよく行われるのが，その新規事業を中心にやっている企業，できれば専業で行っている企業がよいのですが，そういった専業企業の株価を参考に，その新規事業に対するハードルレートを決めましょうという方法です．

> 学生:「都合よくそういった企業が見つかれば,という前提条件がつきますけど,上場していない企業に関しても同じような考え方が使えますね.」

基本的にはそう考えることができます.ただ,次の章で扱いますが,まったく同じ事業を行っている専業企業であっても,資本構成,つまり負債をどのくらいもっているかによって株主に帰属するキャッシュフローは影響を受けますよね.ですからその部分の調整が必要になります.具体的にどのような調整をすればよいかは4章で議論しましょう.

3.5 DCF, NPV, IRR, ROC, EVA

さて,分子のキャッシュフローと分母の割引率が決まったとすれば,これで将来キャッシュフローの現在価値が計算できるわけです.図3.4のように現時点の現在価値と,必要な投資金額 I との比較をすればよいわけですね.これがNPV (Net Present Value) という考え方です.ちょっと式を簡略化したほうが概念は捉えやすいでしょうから,将来キャッシュフロー CF の現在価値 (Present Value) を PV (CF) で表すことにすると,NPV は

$$NPV = PV(CF) - I$$

で定義されます.これによって,NPV が正の投資を行うべきである,また NPV がより大きな事業を選ぶべきであるという判断基準を設けることができます.

> 学生:「実務でも最近はよく DCF 法で NPV を計算して投資判断をしますけど,でもやはり IRR とか ROC とかも多いですね.あと EVA でしょうか.それぞれ一長一短あるように思いますけど,これらはどのような関係にあるのでしょうか.」

そうですね.それではここで,投資判断でよく使われる基準を一通り整理しておきましょうか.

3.5 DCF, NPV, IRR, ROC, EVA

現在の投資金額と
将来キャッシュフローの
現在価値を比較

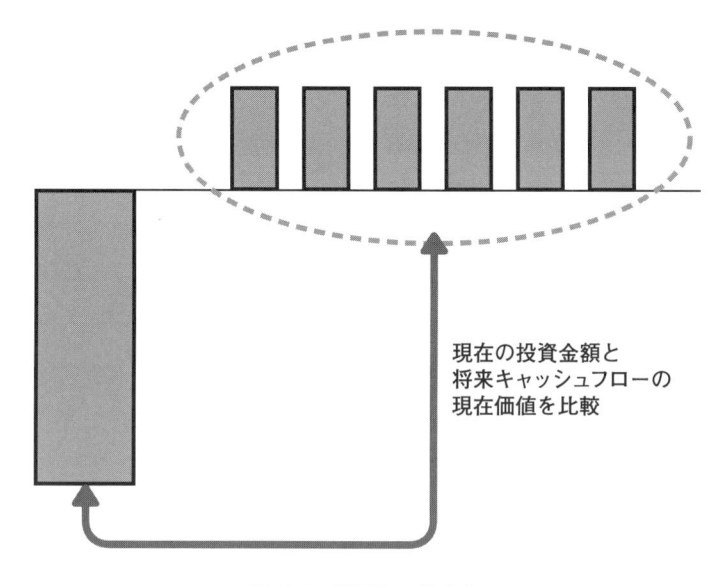

図 **3.4** NPV の考え方

表 **3.2** 回収期間法

キャッシュフロー		$200	$300	$400	$600
投　資	$1000				

　まず，単純なところから始めることにして，回収期間法（payback rule）から考えましょう．表 3.2 を見ていただければわかりやすいですけれど，回収期間法は，分子になるキャッシュフローを単純に足し合わせて，投資額と比較します．初期投資が回収されるまでの期間を考えて，たとえば表 3.2 では 3 期が終わって 4 期目に入って 1000 の投資が完全に回収されるわけです．この期間が短ければ，それだけ良い投資であるという判断基準になります．

　学生：「そうすると，小さな投資ですぐにキャッシュフローが発生するような事業がより高く評価されるわけで，大きな投資で将来大きなキャッシュフローが期待できるような事業が選択されにくくなってしまいますね．」

そうなんです．ですから判断基準としてはあまり上等なものではない．それでも結構使われることも多くて，たとえば新しくコンピュータを導入しましょう，といった費用削減型の投資の場合には，結構うまくはまったりします．A社のパソコン100台を購入するのと，B社のサーバーを導入するのと，どちらが効率的かというような話のときですね．ただ，実際にリスクをともなう事業への投資や，リスク構造が大きく異なる事業を比較しようといったときには，やはり回収期間法では力不足ですよね．

> 学生：「IRRはどうなんでしょう．わたしの会社でも，資本コストという割引率を外から与えるというのがどうもいやだ，という人が多くて．いまでもIRRが重視されています．」

まず定義ですけど，IRR (Internal Rate of Return, 内部収益率) というのはNPVをゼロにするような割引率，ということができます．ちょっとこの言い方は誤解を招きやすいので，もう少し正確に言いますと，将来キャッシュフロー CF_t と投資金額 I に対して

$$I = \sum_{t=1}^{T} \frac{CF_t}{(1+r)^t} \tag{3.2}$$

という関係が成り立つような r の水準を IRR というのです．事業を選択するときには，IRR が大きなものを選べばよいということになります．指摘していただいたとおり，IRR の計算では割引率を外から与えて決めるのではなくて，逆に計算されてくるものですから，使いやすい基準ではあります．CAPM等を使って割引率を決めるといっても，とても完璧な道具ではなくて，たとえば使うデータなどによってずいぶんと違う値が出てきてしまう．それに比べると，IRR は計算される収益率ですから，利用の際には不安が少ない．そのあたりが先ほどの指摘につながってくるのだと思います．

> 学生：「分子のキャッシュフローは期待値と見ればよいわけですか？」

そうですね．そういうことでよいと思います．ただ，ちょっと気をつけてほしい点があります．IRR はあくまでも債券の利回りとの類推で定義されると考

債券の最終利回り (YTM, Yield To Maturity) は，現在の債券価格が P で，将来のクーポンと元本支払の合計を CF_t と書くことにすると

$$P = \sum_{t=1}^{T} \frac{\mathrm{CF}_t}{(1+r)^t}$$

を満たすような r です．債券の場合には CF_t としてクーポンや元本といった，発行者が倒産しなければ支払われるという意味で確定したキャッシュフローを考えているわけです．でも，事業活動から得られる将来キャッシュフローであるとか，企業が獲得する将来キャッシュフローの場合には，確定したキャッシュフローという感じではないですよね．

では何かと考えれば，まあ将来キャッシュフローの期待値と見ておいて，計算された IRR を資本コストと比べてみて，それよりも大きな値であればよい投資であるということになります．

> 学生：「ちょっと待ってください．混乱してきました．そうすると IRR は事業の利回りやリターンを表しているのか，それとも事業のリスクを表しているのか，どちらなんでしょう？」

債券価格の場合には，倒産リスクを考慮して市場で P が決まっているわけですよね．ですから，じつは価格 P を決めるということと，YTM の r を決めるというのは，完全に表と裏の関係にあるわけです．債券価格 P は信用リスクを考慮して市場でついている価格であって，低い価格 P は高い割引率 r と対応するということになります．ところが事業投資の場合，必要な投資額 I と将来キャッシュフローは，むしろ外から独立に決まってくるわけです．ですから，この場合の IRR は必ずしもリスクを反映しているわけではない．

> 学生：「そうすると，IRR はあまり良い指標ではありませんよね．リスクを考慮しないで，単純に利回りの大小だけで判断することになりますから．」

そうですね．ですから，リスクの性質，つまり将来キャッシュフローの不確実性が異なる事業同士の IRR を比較するというのは要注意です．ただ，実際に

は同じような事業，つまり同じような将来キャッシュフローをもつ事業同士を比較することが多いわけです．その場合にはリスクの違いをあまり気にせず，利回りの大小だけに注目していてもあまり問題ないわけですね．

このほかにも IRR には気をつけるべき点があります．1 つは将来キャッシュフローに負のものがあるとき．具体的には将来，追加投資が必要になるような事業です．このような場合には，じつは (3.2) 式を満たすような r の値がうまく決まらなかったり，複数出てきたりすることがあります．将来投資の負のキャッシュフローを，仮想的に現時点で一括して支払ってしまうと仮定すれば，この問題は避けることができますが，IRR はキャッシュフローが発生する時点の違いを正確に捉えていないことに便乗しているようなものですから，あまりお勧めはできません．

ほかにもいろいろな会計指標を利用した重要な変数があります．くわしくは管理会計のテキストなどを見てもらうのがよいですが，ここではファイナンスの視点から少し注意点を指摘しておきます．代表的なものに ROC (Return on Capital, 総資本利益率) や ROE (Return on Equity, 株主資本利益率) があります．ROC は

$$\text{資本利益率} = \frac{\text{EBIT}}{\text{平均総投資額簿価}}$$

と定義されます．この EBIT (Earnings before Interest and Taxes) とは，利息や税金を支払う前の利益を指し，支払利息・税引前利益とも呼びます．また EBIT ではなくて，純利益についての同様の概念が ROE です．

$$\text{株主資本利益率} = \frac{\text{純利益}}{\text{平均株主資本投資額（簿価）}}$$

たとえば，初期投資が 1,000 万円，EBIT が 300 万円の 1 年のプロジェクトの場合，投資した資産の残存価値が 800 万円であれば，平均資産簿価は $(1,000 + 800)/2 = 900$ 万円ですから，

$$\text{ROC} = \frac{300}{900} = 33.33\%$$

として計算されます．

意思決定のルールとしては，これらの大小を比較したり，資本コストと比べたりすることになります．ここまででも十分に強調してきましたが，ROC と

資本コストを比べるのは要するに会計とファイナンスの両指標を比べるわけですから，本質的に異なるものを比較していると考えたほうがよいでしょう．実際に分母のほうは，たとえば減価償却の方法を変更したりすれば，値も変わってくるわけです．分子もキャッシュフローではなく会計利益ですから，ROC はあくまでも会計指標なわけです．一方で，その比較の対象とされる資本コストは，現金支出に対する現金収入，現金のリターンの期待値ですので，会計の考え方は登場してこないわけです．

まあ，理論的には整合性がとれていませんが，多くの場合にはあまり大きな問題はないと考えてよいようです．むしろ，会計数値のほうが平準化されていますから，比較をしたりするときにも安定していて便利だったりします．実際に，これを使って定義される EVA (Economic Value Added, 経済的付加価値) も実務上よく使われています．

$$経済的付加価値（EVA）=（総資本利益率 - 総資本コスト）\times（投下資本）$$
$$= (ROC - \text{Cost of Capital}) \times (\text{Capital Invested})$$

ROC に投下資本を掛けたものが，投資に対して実現した収益金額です．ROC と比較するべき変数は資本コストとされますから，投下資本と資本コストの積で決まる金額を計算すれば，それが投資家から要求される金額．両者の差が EVA となり，事業から生み出すことができた追加的な価値ということになります．投資についてのハードルレートである資本コストを上回る事業に，より多くの資金を投入することができれば，より大きな EVA を実現することができるというわけです．

EVA は金額の議論ですので，実際の意思決定などでは，収益性だけでなく規模も議論できます．特に，投資の意思決定や，事後的な評価などの際には，収益性の要因分解ができるため，とても有効なツールだと思います．ただ，実用上はそれなりにむずかしい点もあって，特に帳簿上の会計数値から単純に計算される ROC や投下資本をそのまま用いてよいのか，という問題が出てきます．より正確に収益性を計算するためには，たとえば営業利益項目から既存の投資に関連しないものを除いて ROC を計算したりするなど，さまざまな調整が施されます．

3.6　データ編：株主資本コスト

それでは具体的な数値例を見ながら，株主資本コストを考えてみましょう．表3.3は各社の株主資本コストを示しています．2章で説明したように，証券に対する要求リターンは次式によって算出されます．

$$\mathrm{E}[r] = r_f + \beta(\mathrm{E}[r_M] - r_f)$$

したがって，安全資産利子率とマーケット・リスクプレミアム，ベータがわかれば，各社の株主資本コストを計算することができます．過去10年の日本の長期国債の利回りの平均値が2%ですので，安全資産利子率を2%としました．また，マーケット・リスクプレミアムは世界各国の平均値に近い4%としましょう．

株主資本コストを求める式から明らかなように，ベータが高くなれば株主資本コストは高くなります．比較企業のなかでベータが1.42ともっとも高い日立製作所では，株主資本コストが7.68%になっています．一方，ベータがもっとも低い第一製薬では株主資本コストは3.80%です．ベータが1に近い三菱商事の株主資本コストは，5.80%です．

ここで示したベータや株主資本コストは，過去のデータから算出した点に注意する必要があります．株主資本コストは，株主が負っているリスクに対して期待するリターンですので，過去のデータから算出された値が必ずしも現在の

表3.3　各企業の株主資本コスト

企　業	ベータ	株主資本コスト	企　業	ベータ	株主資本コスト
松下電器産業	0.66	4.64%	ソニー	1.20	6.80%
シャープ	1.31	7.24%	日立製作所	1.42	7.68%
トヨタ自動車	0.67	4.68%	日産自動車	0.60	4.40%
第一製薬	0.45	3.80%	小林製薬	0.95	5.80%
三菱商事	0.95	5.80%	三井物産	0.87	5.48%

株主の期待リターンを示しているとは限らないからです．

3.7 データ編：FCFE と当期純利益

ここでは，財務諸表から FCFE を計算し，FCFE と当期純利益の違いを検討してみましょう．すでに述べたように，FCFE とは株主にとってのフリーキャッシュフローです．全額株主資本で資金調達している場合の FCFE は次式のように定義しました．

$$FCFE = 純利益 + 減価償却費 - 資本支出 - \Delta 運転資本$$

ただし，多くの企業が負債による資金調達も行っています．このように負債がゼロでない場合は，FCFE は次のように定義されます．

$$FCFE = 純利益 + 減価償却費 - 資本支出 - \Delta 運転資本 - 負債元本の返済 \\ + 新規負債発行$$

つまり，負債がある場合は負債の元本の返済や新規の負債による資金調達などの項目を修正します．

では，具体的にシャープの 2005 年 3 月期の連結財務諸表から FCFE を計算してみましょう．

$$\begin{aligned} FCFE = {} & 76{,}845 + 169{,}359 - 270{,}414 \\ & -((451{,}091+325{,}723-519{,}691) - (395{,}827+273{,}668-438{,}627)) \\ & -(14{,}114+2{,}024+26{,}026) + (17{,}028+82{,}925+6{,}683+1{,}066) \\ = {} & -12{,}818 \end{aligned}$$

まず損益計算書から当期純利益が 768 億円であることがわかります．次に，キャッシュフロー計算書の営業活動によるキャッシュフローの減価償却費 1,693 億円を加え，投資活動によるキャッシュフローに記載されている有形固定資産の取得による支出 2,704 億円を資本支出として控除します．

運転資本とは，売上債権（受取手形・売掛金）と棚卸資産を加算し，そこから仕入債務（支払手形・買掛金）を控除したものです．売上債権と棚卸資産は

表 3.4 シャープ連結損益計算書 2005 年 3 月期（単位：百万円）

科　目	金　額
売上高	2,539,859
売上原価	1,959,658
販売費および一般管理費	429,181
営業利益	151,020
営業外収益	25,192
営業外費用	35,701
経常利益	140,511
特別利益	478
特別損失	12,805
税金等調整前当期純利益	128,184
法人税等	50,431
当期純利益	76,845

表 3.5 シャープ連結貸借対照表 2005 年 3 月期（単位：百万円）

科　目	当　期	前　期	科　目	当　期	前　期
流動資産	1,320,613	1,148,135	流動負債	1,179,521	950,015
現金・預金	370,618	367,936	支払手形・買掛金	519,691	438,627
受取手形・売掛金	451,091	395,827	負債合計	1,371,812	1,198,813
棚卸資産	325,723	273,668	少数株主持分	8,888	7,905
固定資産	1,064,413	1,002,115	資本合計	1,004,326	943,532
資産合計	2,385,026	2,150,250	負債，少数株主持分および資本合計	2,385,026	2,150,250

　貸借対照表の流動資産に，仕入債務は流動負債に記載されています．2005 年 3 月期の運転資本は 2,571 億円（= 4,510 + 3,257 − 5,196）で，2004 年 3 月期の運転資本は 2,309 億円ですので，運転資本の増加分は 262 億円です．

　キャッシュフロー計算書の財務活動によるキャッシュフローの部から，負債元本の返済と新規負債発行によるキャッシュフローの値を算出します．

　以上より，シャープの 2005 年 3 月期の FCFE は 151 億円になります．当期

表 3.6 シャープ連結キャッシュフロー計算書 2005 年 3 月期（単位：百万円）

区　分	金　額
営業活動によるキャッシュフロー	
税金等調整前当期純利益	128,184
減価償却費	169,359
売上債権の増加額	−48,579
棚卸資産の減少額	−47,762
仕入債務の増加額	79,538
営業活動によるキャッシュフロー	219,198
投資活動によるキャッシュフロー	
有形固定資産の取得による支出	−270,414
投資活動によるキャッシュフロー	−259,008
財務活動によるキャッシュフロー	
短期借入金の純増加額	17,028
コマーシャルペーパーの純増加額	82,925
長期借入金による収入	6,683
長期借入金の返済による支出	−14,114
社債の発行による収入	1,066
社債の償還による支出	−2,024
転換社債の償還による支出	−26,026
財務活動によるキャッシュフロー	57,541
現金および現金等価物の増加額	16,716
現金および現金等価物の期首残高	277,623
現金および現金同等物の期末残高	295,312

　純利益は 768 億円でしたが，FCFE が 151 億円になる主な要因は多額の資本支出にあります．2005 年 3 月期中の資本支出額は約 2,704 億円で，当期純利益に減価償却費を加えた額よりも多額です．この背景には，シャープは液晶事業に対して積極的な投資を行っていることがあると考えられます．こうした多額の設備投資を行うために，コマーシャルペーパーを中心とした負債による資金調達を行っていることがわかります．

このように，当期純利益がプラスでも，FCFE はマイナスになることがある点に注意しましょう．その理由はすでに述べたように，会計上の利益とキャッシュフローではタイミングや金額のズレが生じるからです．

3.8 要　約

- 将来キャッシュフローの現在価値を計算するうえで用いるキャッシュフローと割引率は，ともに企業の資本構成の影響を受ける．
- 全額株主資本で資金調達を行い，負債がゼロである場合のフリーキャッシュフロー（FCFE,Free Cash Flow to Equity）は，次のように定義される．

$$FCFE = 純利益 + 減価償却 - 資本支出 - \Delta 運転資本$$

負債がゼロでない場合は，FCFE は次のように定義される．

$$FCFE = 純利益 + 減価償却 - 資本支出 - \Delta 運転資本 - 負債元本の返済 + 新規負債発行$$

この FCFE は，会計上の利益を修正して株主に帰属するフリーキャッシュフローを計算したものである．
- 会計上の収益や費用，利益は発生主義会計によって計算されるのに対して，キャッシュフローは現金の収入や支出に基づいて算出される．このため会計利益とキャッシュフローの間には，タイミングや金額などのズレが発生する．たとえば，売掛金や買掛金，在庫などの運転資本のほか，貸倒引当金，設備投資などの資本支出などが，会計利益とキャッシュフローの間に差が生じる要因となる．
- コーポレートファイナンスにおける企業の目的は，将来キャッシュフローの現在価値の最大化．したがって，コーポレートファイナンスの理論を学習するときは，会計利益ではなくキャッシュフローから考えてみることが重要となる．

- DCF 法を前提とすると，株価は次のように計算される．

$$P_t = \sum_{k=1}^{\infty} \frac{\mathrm{E}[\mathrm{CF}_{t+k}]}{(1+\mathrm{E}[r])^k}$$

つまり，株価は将来キャッシュフローを株式の期待リターンで割り引くことで算出される．CAPM を用いて期待リターンが計算されるので，事業を選択するときには期待リターン，すなわち資本コストがハードルレートとなる．

- NPV は次の式によって計算される．

$$\mathrm{NPV} = \mathrm{PV}(\mathrm{CF}) - I$$

PV (CF) は将来キャッシュフローの現在価値で，I は必要な投資金額である．つまり，現時点の将来キャッシュフローの現在価値と必要な投資金額の差額である．

- 回収期間法とは，初期投資が回収されるまでの期間を考える．そのうえで，回収期間が短いほど，よい投資であるという判断基準となる．

- IRR とは，将来キャッシュフロー CF_t と投資金額 I について，次のような関係が成り立つ r の水準を指す．

$$I = \sum_{t=1}^{T} \frac{\mathrm{CF}_t}{(1+r)^t}$$

- ROC（総資本利益率）は次のように定義される．

$$総資本利益率 = \frac{\mathrm{EBIT}}{平均総投資額簿価}$$

- ROE（株主資本利益率）は次のように定義される．

$$株主資本利益率 = \frac{純利益}{平均株主資本投資額（簿価）}$$

- EVA は次のように定義される．

$$経済的付加価値\,(\mathrm{EVA}) = (総資本利益率 - 総資本コスト) \times (投下総資本)$$
$$= (\mathrm{ROC} - \mathrm{Cost\ of\ Capital}) \times (\mathrm{Capital\ Invested})$$

Introduction to Corporate Finance

第4章
資金調達と企業価値

4.1 株主と債権者の将来キャッシュフロー

　さて，この章では資金調達の方法について議論していきますが，その前にここまでの話を手短に復習しておきましょう．まず，企業価値とは何か，企業の目的とは何か．この問いかけから始めました．株価の最大化，株主価値の最大化，企業価値の最大化など，視点によってやや異なりますが，いずれにしろ将来キャッシュフローの現在価値を最大化しようというのが，コーポレートファイナンスにおける企業の目的でした．

　次に考えたのが将来キャッシュフロー，特に不確実な将来キャッシュフローを現在価値に換算する方法です．ここで資本の機会費用，資本コストという考え方が登場してきて，そのために資本市場でリスクとリターンがどのように取引されているのかという理論が必要になったわけです．そこで標準的なモデルとして CAPM を紹介しました．これによって将来キャッシュフローを現在価値に引き戻す道具が準備できたので，それを利用しながら事業投資の意思決定へと話を進めていきました．将来キャッシュフローの現在価値と，現在必要な投資との差，つまり NPV が正であれば投資するべきであるという判断基準が用意できたわけです．

　この章では，事業はすでに選択されたとして，それを実行するために必要な資金をどう調達するべきかを考えていきましょう．繰り返しますが，ここでの目標は企業が獲得する将来キャッシュフローの現在価値の最大化です．ですから，資金調達の組合せを変えることによって NPV が増加するのかどうか．それがわれわれの判断基準になるわけです．

　たとえば，1,000万円の投資が必要な事業を考えましょう．この投資によって将来1,500万円の収益が平均的に得られるとします．さて，この投資を実行するべきかどうか．これは将来キャッシュフローのリスクの程度に応じて割引率を決め，現在価値を計算して判断すればよかったわけです．ではこの事業の NPV は，はたして資金調達の方法によって変化するのでしょうか．1,000万円をすべて株主資本でまかなうとき，すべて借入でまかなうとき，株主資本と借入を半分ずつ利用するとき．これら資金調達の割合によって，何か違いは発生するのか．さあどうでしょう．

学生:「いや,やっぱり借金はよくないでしょう.もうかる,もうからない,ということではなくて,あくまでも借金は悪.経営者はみんなそう思っているはずです.」

学生:「でも投資家,特に株主の立場からすれば,多少レバレッジをかけてくれないと,収益率はあがりませんよね.ある程度の負債を利用していないと,投資としてあまり魅力を感じないように思います.」

学生:「いや,たとえばベンチャー企業は,リスクが大きくて負債による資金調達はむずかしいですけど,有望な事業であれば株式投資したいという投資家はたくさんいますよね.」

いろいろと良い論点が出てきましたね.さて,それでは企業にとって負債は悪いことなのか,必ずしも悪くはないのか.悪くないとしたら,もっとも良い組合せというのはどう求めればよいのか.こういったことを議論していきましょう.

最初に,株式と負債の違いについて整理しておきましょう.図 4.1 を見てください.まず第一に重要なのは,株主が受け取る将来キャッシュフローは,負債返済後の残余キャッシュフローであるということです.株主にとっても,債権者にとっても,コーポレートファイナンスでまず考えるのは,出資した金額に見合うだけのリターンがあるか,ということですよね.

次に注意していただきたいのは,企業が獲得する将来キャッシュフローは,不確実だということです.図 4.2 を見てください.企業の将来キャッシュフローは大きかったり,小さかったりする.ところが,負債の利子支払と元本支払の合計である $(1+r)D$ という金額は,決まった金額なわけです.そうすると図 4.2 を見れば直感的にわかるように,株主の受け取る残余キャッシュフローの変動は,負債と利子率の水準によって影響されている.このように,債権者の受け取るキャッシュフローと株主の受け取るキャッシュフローは,だいぶその性質が異なります.性質が異なる将来キャッシュフローですから,その現在価値も異なるわけです.言い換えれば,受け取るキャッシュフローのリ

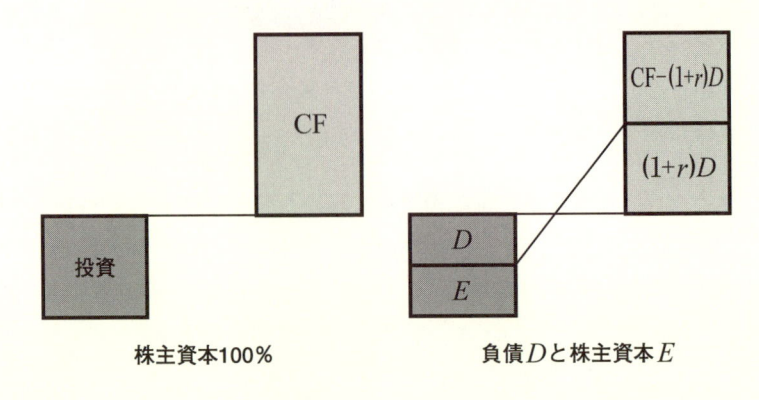

図 4.1　株主と債権者が受け取るキャッシュフロー

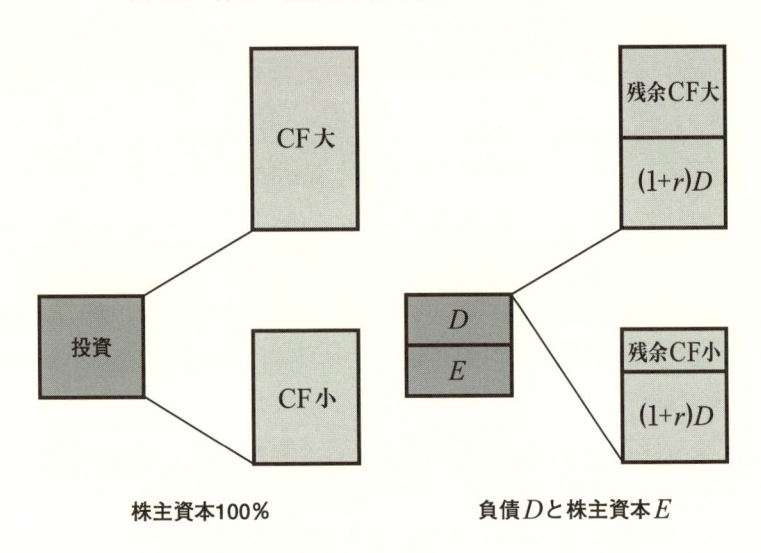

図 4.2　株主が受け取る残余キャッシュフロー

スクが違うために，債権者と株主の機会費用も異なり，これが株主資本コスト（株主資本の機会費用）と負債の資本コスト（債権者の資本の機会費用）の違いになるわけです．

　　学生：「図 4.2 では債権者が元本と利払いを確保していますけど，実際にはそれは保証されていませんよね．」

そうです．企業が獲得する将来キャッシュフローがもっと小さくなることがあれば，図 4.3 の「CF 小」の状況のように，この企業は負債の返済ができず倒産してしまいます．おそらく清算時には取引費用も発生するでしょうから，「CF 小」の状況では債権者は $(1+r)D$ よりも小さいキャッシュフローを受け取ることになるでしょう．

> 学生：「株主が「CF 小」のときに受け取るキャッシュフローはゼロですよね．」

そう，株主の有限責任性ですね．仮に企業が借金を返済できなくても，株主は自分が出資した金額以上を補填する必要はない．

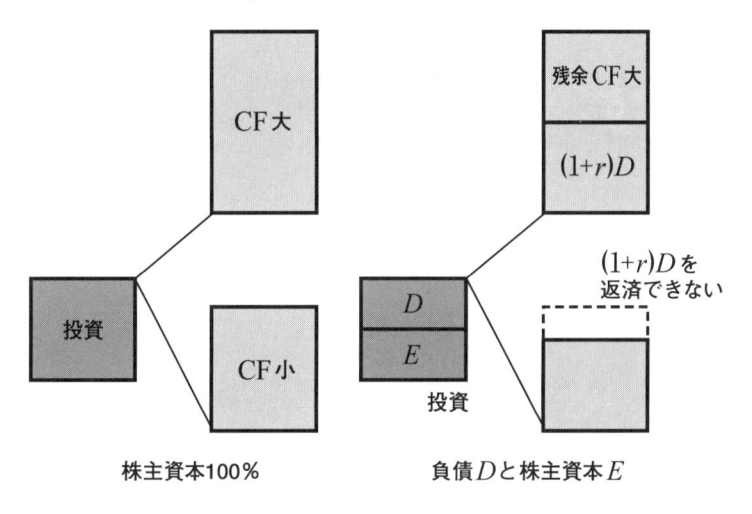

図 4.3 倒産によるキャッシュフローの変化

よく企業はいったい誰のものなのか，といった議論になることがあります．経営者や創業者のものであるとか，従業員のものであるとか，いやいや顧客のものであるとか，いろいろな方向に議論が拡散してしまいます．こういうのはおそらく，立場や視点によって，もっとも重要であると考えるところが違っているためだと思いますが，これまでに強調したように，議論を進めていくためには視点をきちんと統一しておくことが重要ですよね．コーポレートファイナンスの基本的な見方は，事業によって生み出される将来キャッシュフローこそ

が企業であり，借金を返済したのちに残るキャッシュフローに対する請求権をもつのが株主であるという意味で，企業の所有者は株主なわけです．

> 学生：「でも，実際には株主と債権者だけではなくて，企業に投資する形態はほかにもいろいろとありますよね．」

そうですね．ここでは入門編ということで，利害関係者として，株主と債権者しか考えてませんが，実際には両者の中間に位置するような概念もたくさんあります．負債といっても，銀行による借入と社債の発行ではだいぶ性質が違います．社債といっても，転換社債やワラント債，発行企業による償還条項がついたものなど，いろいろです．株式についても，優先株式やストックオプションなど．それぞれいろいろな特徴があるので，一言でまとめるのはむずかしいのですが，要するに受け取る将来キャッシュフローが株主と債権者の中間になるような例もたくさんあるわけです．ここでは単純に，株主と債権者という，大きく2つのタイプの投資家だけを考えることにします．

4.2　負債の影響

さて，それでは負債と株主資本のバランスについて考えていくことにしましょう．結論から言ってしまうと，じつはこれ，まだ学術研究でもあまりよくわかっていないのです．もちろん重要な問題で，いろいろな論点が指摘されていて，実証研究もたくさんあります．しかし，いろいろな側面があるために，まだ包括的な議論が整理できているわけではないのです．学会の発表などでも，ちょっと意地悪な言い方をすると，「理論的にはよくわかりませんよね．だからデータを使って分析してみましょう．こんな結果になりました．でもはっきりと結論は出ませんでした．」そんな発表も多いのです．逆に言えば，それくらいむずかしい問題で，かつ結論が出にくい問題なわけです．でも，むずかしいとばかり言っていてもはじまらないので，まずは負債の良いところと悪いところ．代表的な論点を整理してみましょう．では，まず悪いところから．

直感的にまず悪いところといえば，倒産のリスクが高まることですね．負債の返済が滞ると企業は倒産してしまいますので，単純にこれはまずいわけで

す．負債が大きいと当然のことながら倒産リスクが高まります．実際に倒産して事業を停止すれば，法的手続きによって企業の資産が流動化されて債権者に渡されるわけですが，実際に倒産したとなれば保有資産はかなり低い価格で売却されますから，債権者にとってもけっして好ましいことではない．こういった倒産手続きで発生するコストを直接倒産コストと言ったりします．直接というからには，間接倒産コストというのもあるわけですが，こちらは実際には倒産していなくても，倒産するかもしれないということで顧客や取引先を失ったり，追加的な資金調達がむずかしくなったりすることです．つまり，倒産する可能性が高くなることによって，事業にマイナスの影響が出てくるということです．

ほかにも，経営者の視点から考えるとわかりやすいですが，負債によって事業選択や資金調達面での柔軟性が失われる恐れがある．せっかく良い投資案件があるのに，それに必要な資金を追加的に調達することがむずかしいために，みすみすあきらめなければならない．負債が大きくなると銀行などの債権者からの監視も厳しくなり，経営者が自由に経営できなくなってしまいます．

また，負債を利用することによって，債権者と株主という異なる利害関係者が存在するようになるわけですから，株主と債権者の利害対立が発生する．図4.1や図4.2で見たように，両者が受け取るキャッシュフローの性質はだいぶ異なるわけです．たとえば，経営者が企業の所有者である株主の利益のみを優先する場合には，比較的安全な事業を行うからといって低利の負債を調達したあとで，突然，高いリスクの新規事業を始めるといったこともありうるわけです．

くわしくは5章で議論しますが，配当の影響もあります．余剰キャッシュをすべて株主に配当してしまうと，それを内部留保しておいた場合に比べると，倒産リスクが高まります．ですから，配当は株主にとっては良いかもしれませんが，債権者にとっては必ずしもうれしくはない．

このように，負債によって利害関係者が増加し，それによって発生する摩擦は，たとえば負債利子率の上昇や，社債のコベナンツ条項（財務上の特約，財務制限条項）の増加といったかたちの費用が増加するわけです．

さて，それでは負債は悪なのか．これはそうとも言い切れない．負債にも良

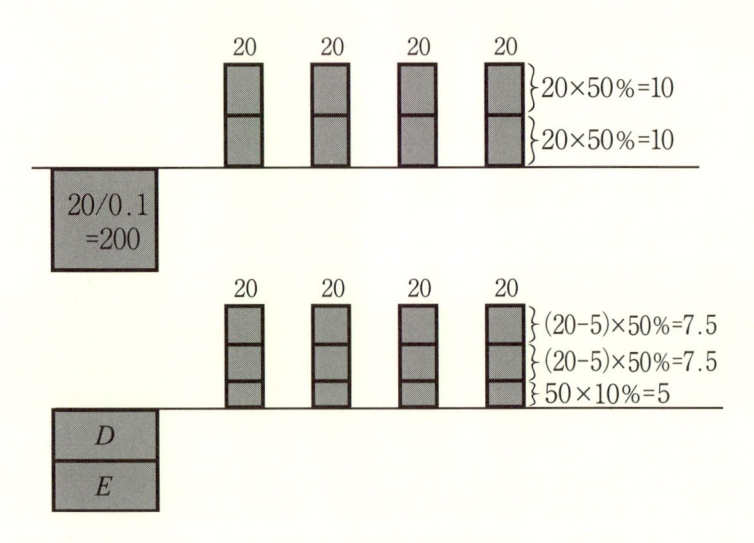

図 4.4 負債の節税効果

い面はあります．1 つは負債の節税効果です．図 4.4 を見てほしいのですが，ここでは毎期 CF = 20 の期待キャッシュフローが永遠に得られるとして，割引率を $r = 10\%$ とした例を考えています．株主資本 100% のときには，法人税率が $T = 50\%$ であれば，税金は 10 ですよね．税引後のキャッシュフローは

$$\text{CF} - \text{CF} \times T = 20 - 20 \times 50\% = 10$$

となります．ところが利率 $r = 10\%$ で負債を $D = 50$ 借りていると，利払いが $r \times D = 5$ 発生しますから，税金は

$$(\text{CF} - r \times D) \times T = (20 - 10\% \times 50) \times 50\% = 15 \times 50\% = 7.5$$

となるわけです．したがって，税金支払額は 10 から 7.5 に減少します．この意味で

$$(\text{CF} \times T) - (\text{CF} - r \times D) \times T = r \times D \times T = 2.5$$

だけの節税効果が，毎期のキャッシュフローに発生することになります．

　　学生：「でも，いったいだれにとっての節税効果なのでしょう？　つまり株主はこの例で，$\text{CF} \times (1 - T) = 20 \times 0.5 = 10$ を

得ていたのに，負債を導入したあとでは $(\mathrm{CF} - r \times D) \times (1-T) = (20 - 10\% \times 50) \times 0.5 = 15 \times 50\% = 7.5$ しか得られないのですから，10 から 7.5 にむしろ減少してますよね．」

良い質問です．そのあたりはたしかに誤解しやすいところです．たとえば試験問題に

「株主にとって負債の節税効果は存在しない．正しいか，正しくないか．」

とかいう問題を出すと，皆さん結構混乱します．繰り返しますが，これはあくまでも税金支払額が 10 から 7.5 に減少したという意味での節税効果です．ご指摘のように株主と債権者それぞれが得したのかどうかという話は別なので，上の問題は試験の問題としてはあまり良い問題ではありませんね．

さて，負債にはもう 1 つ，経営陣に対する規律付けという効果があります．これは株主の視点から考えてみるとよいのですが，まず投資家は経営者に企業の経営を任せるわけです．そのときに，たとえば 1,000 万円の投資で実行できる事業なのに，1 億円渡したりすると何が起きるか．当然資金の管理も甘くなるでしょうし，無駄遣いも多くなるでしょう．アメリカのテキストによく出てくる話はいかにもアメリカらしくて，経営者用の専用ジェット機，場合によっては「空軍」を作ったりする．日本でもバブルのころは，結構おかしな話もありましたけどね．

ともかく，そういった無駄遣いをさせないためにはどうすればよいのか．そこで登場してくるのが負債です．要するに借金の利払いがあれば，経営者としては無駄遣いはできないでしょう．その意味で経営者の規律付けができる．負債にはそういう効果があるだろうということです．

4.3　モジリアニ・ミラーの定理

ここまでは，負債の良いところと悪いところ．いくつか代表的な論点をあげてきたわけです．ところが，ではいったいどれくらいの水準が適切なのだろうか．そういった話になってくると困るわけです．そこでいろいろな論点があ

るけれど，もっとも単純に考えたらどういうことになるのか．古典的な論文ですが，よく登場してくるのがモジリアニ・ミラーの定理（以下，MM 定理）です．MM 定理というのは，この定理が実際に成立しているということを主張しているわけではなく，非常に単純に考えるとすれば，どういうことが予想されるのか．言わば議論の出発点を決めているのだと理解してください．定理ということで，その主張するところをまず述べましょう．

> **モジリアニ・ミラーの定理**
> 税金，取引コスト，債務不履行の可能性が存在しないときには，企業価値はレバレッジによって影響を受けない．また投資と資金調達の意思決定が分離できる．

彼らの論文が発表された当時，といってもわたしも何かで聞いた話ですが，学会でも資本構成についてはいろいろな議論がされていたわけです．負債が良いとか，悪いとか．ただ，漠然とではあるけれど，基本的に最適な資本構成というのがあるだろうと考えられていたようです．そこへもってきてこの 2 人が，ある単純な状況のもとでは，資本構成は影響しないのだ，と言い始めたわけです．その影響はなかなか強烈だったようです．

この定理を証明することはそんなに複雑ではなくて，かつその発想は非常に重要なので，できれば詳細に紹介したいのですが，ちょっと遠回りのように感じる方も多いかもしれませんので，図を使って直感的に説明するだけにします．よく使われるピザの例です．まず，図 4.5 ですけど，毎期の将来キャッシュフローの期待値が 10 であるとして，その割引率を 10% としましょう．この場合，このキャッシュフローの現在価値は

$$\mathrm{PV} = \sum_{t=1}^{\infty} \frac{10}{(1+0.1)^t} = \frac{10}{0.1} = 100$$

となるわけです．この現在価値 100 という数字をピザの大きさで表すことにしましょう．同じリスク，したがって同じ割引率 10% で割り引けばよいのに，将来キャッシュフローが 20 であれば，現在価値は 20/0.1 = 200 となりますから，その場合にはピザの大きさを大きくして考えてあげればよい．

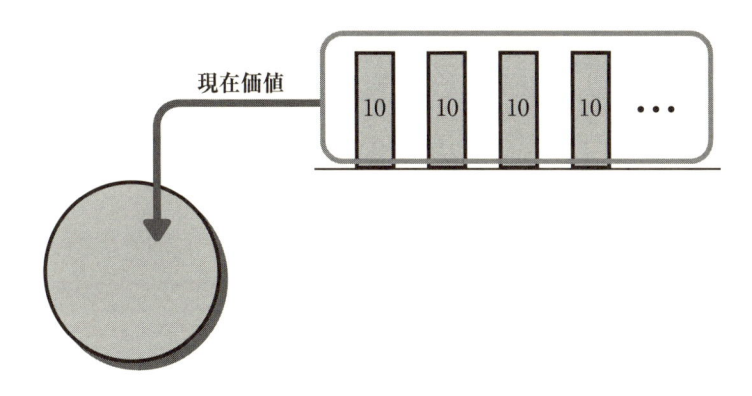

図 4.5　MM 定理で考えられている状況

　3 章の投資判断の話というのは，どのくらいの大きさのピザに対していくら支払うことになるのか，という話だったわけです．同じお金を支払うのであれば，できるだけ大きなピザがよい，ということですよね．資本構成を議論しているこの章は，ピザをどのように切り分ければよいのか，という話をしているわけです．図 4.6 を見ればわかるように，債権者と株主が将来キャッシュフローを 5 ずつ切り分けるとすれば，その現在価値は 50 ずつ．つまりピザは半分ずつに分けられるわけです．ここで重要なことは，ピザの大きさは変わらないということ．つまりピザの切り分け方を変えたところで，全体の大きさが変わるわけではないし，したがって債権者と株主の負担金額の合計も変わらない．MM 定理が言っていることは，基本的にそういういことです．

　　学生：「うーん，わかったような気もしますが，でもどうなんでしょう．債権者と株主の受け取るキャッシュフローが違うという直感，それから図 4.3 で考えているような倒産が起きうる状況．そういったところが，この話からは抜け落ちてますよねぇ …」

そう．だから MM 定理の記述を見ればわかるように，倒産のリスクはないものとして仮定されているわけです．

　そういった意味も含めて，先ほど言ったように，MM 定理は現実の世界のごく一面を切り出しているにすぎないわけです．

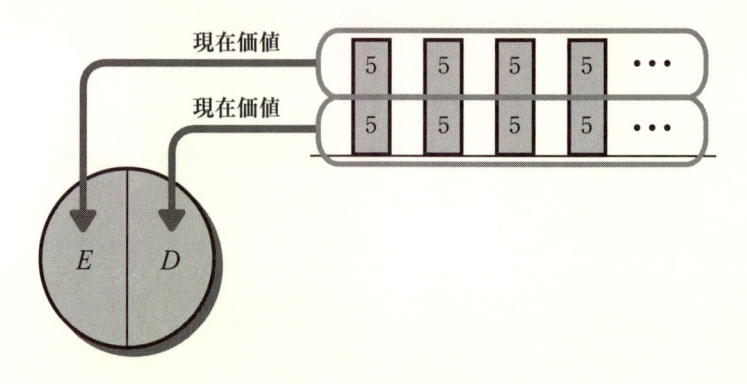

図 4.6　負債の導入

でも，重要なのはむしろこのようにして負債と株式を理解するという，その視点や考え方の部分ではないかと思います．このような視点が重要だということは，次の例を見るとよくわかります．税金を考慮した場合の MM 定理です．

> **モジリアニ・ミラーの定理**（税金の影響）
> 負債の節税効果を考慮した場合，企業の最適負債比率は 100% 負債になる．企業価値は支払利息の節税効果の現在価値分だけ増加する．

ここで節税効果が出てきます．図 4.7 を見てください．この図のように，税金（税率 50%）があるときには 100% 株主資本だとピザ 100 のうち，その半分の 50 が税金となるわけです．ところが，すでに説明したとおり，負債があるとき，支払う税金の金額は，負債の利払い後の金額に税率をかけたものとなります．図 4.7 は負債 $D = 50$ を利用した例ですが，この場合は将来支払われる税金の現在価値は 25，利子支払と税金支払を行ったのちのキャッシュフローの現在価値として計算される株主資本は $E = 25$ という図になっています．100% 株主資本の場合には，現在価値で 50 の税金支払が発生するわけですが，下の例では 25 にすぎません．したがって，$50 - 25 = 25$ の税金支払額の減少が発生します．負債が大きくなればなるほど，この節税額も大きくなり，結果として 100% 負債調達するのが，企業価値をもっとも大きくすること

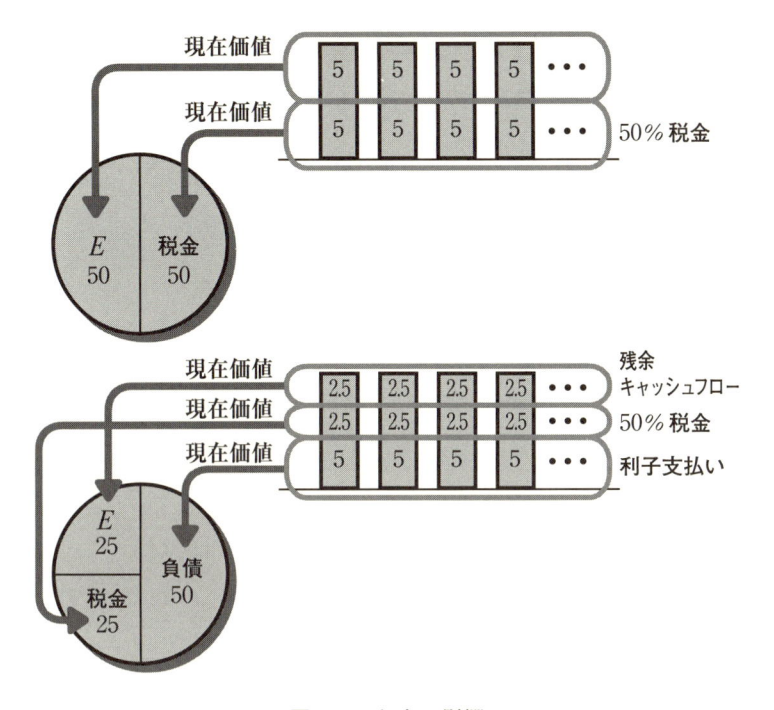

図 4.7 税金の影響

になり，モジリアニ・ミラーの定理（税金の影響）のような結論が導かれるのです．

　　学生：「何かおかしい，というか現実にそのようなことが起きる
　　はずがない，という気がします．」

そうですね．実際には負債を増やしていくと悪い面，特に倒産リスクの高まりによって債権者が要求する利回りは上昇していくわけです．図 4.3 のような状況ですよね．ですから，MM 定理（税金の影響）はそのまま成立するとは考えられません．ただ，繰り返しになりますけど，あくまでもこういう考え方が重要なのだということでして，MM 定理は成立するはずがないというような視点から考えず，企業価値とは何か，資本構成によってどう変化するのかを考えてゆく出発点を提示してくれるモデルだと考えるとよいでしょう．

4.4 加重平均資本コスト (WACC)

さて,いずれにしろ,負債には良いところと悪いところがありそうだ.それではいったいどのような資本構成が良いのか,具体的にもっとも良い場合を探すのにどうすれば良いのか.これを考えるために,WACC (Weighted Average Cost of Capital, 加重平均資本コスト) を見ていきましょう.まず,その定義ですが

$$\text{WACC} = \frac{E}{D+E}k_E + \frac{D}{D+E}k_D$$

となります.ここで D と E はそれぞれ負債と株式の時価で,k_E は株主資本コスト,k_D は負債コストとなります.

重要な概念なので,ひとつひとつをもう少し具体的に見ていくことにしますが,まず第1にその全体の形に注目してみましょう.k_D と k_E は負債と株式の資本コストです.それぞれを時価で加重平均するわけですが,これは株式と負債をそれぞれ証券として見たとき,その組合せとしてのポートフォリオの期待リターンを考えているわけです.ポートフォリオの期待リターンは,それを構成するそれぞれの証券の期待リターンを,時価での構成割合で加重して得られます.ここではその割合が $E/(D+E)$ と $D/(D+E)$ であって,WACC というのが,この構成比のポートフォリオの期待リターンというわけです.結局,図 4.6 や図 4.7 のような状況を考えたときに,ちょっと極端ですが株式と負債の両方を全部購入したらどうなるか.そういった状況を考えているわけです.結果として得られるポートフォリオの期待リターンが WACC ということです.

さて,それでは細部をもう少しくわしく見ていきます.まず株主資本コスト k_E です.これを具体的にどう設定すればよいのか.

> 学生:「これはすでに 3 章で勉強しましたよね.たとえば株価データなどを用いて CAPM を前提にベータを計算して,期待リターンを計算すればよいのですよね.」

ええ,基本的にそれでよいわけです.ただ,1つ気をつけなければいけないの

は，図 4.2 や図 4.3 でわかるように，株主の受け取るキャッシュフローは，利払い後の残余キャッシュフローです．つまり負債の水準によって，残余キャッシュフローの性質が変わる．したがって，それに対する割引率を決めるベータも違うわけです．

そこで負債比率とベータがどう関係してくるのかを考えなければいけません．これもなかなかやっかいな問題で，特に信用リスクを考慮したうえでこれをモデル化しようとすると，結構複雑になってしまう．興味がある方には専門論文を見ていただくことになってしまいますので，ここではまずは単純に考えることにして，次の関係式を用いることにしましょう．

$$\beta_u = \frac{\beta_{\text{lev}}}{1+(1-t)D/E} \tag{4.1}$$

ここで，β_u はアンレバード・ベータ (unlevered beta)，つまり負債ゼロでレバレッジを利用していない場合のベータです．これは図 4.1 で言えば，左側の状態のときのベータということです．それで，右側の状態のときのベータを β_{lev}，つまり現在の資本構成 D/E 比率のもとでのベータとします．

負債がある場合には，現在の負債比率 D/E を計算しておいて，株式価格データなどから計算されたベータを (4.1) 式の β_{lev} として使えばよいわけです．(4.1) 式に代入すれば，現在の D/E 比率のもとで計算されたベータが β_{lev} であるときに，もしその企業が無負債で操業していたとしたら，ベータの値はどうなるか．それは β_u という数字になるだろうということです．現状の負債のもとでベータを計算することができれば，(4.1) 式を使って β_u を計算することができます．

さらに (4.1) 式を変形して

$$\beta_{\text{lev}} = \beta_u[1+(1-t)D/E]$$

としてあげれば，今度はいろいろな D/E 比率のもとでのベータが計算できるわけです．CAPM を前提にすれば，D/E 比率のもとでの株主資本コストは

$$k_E = r_f + \beta_{\text{lev}}[E(r_M)-r_f]$$

によって計算することができます．

(4.1) 式はとても便利で,たとえばある企業が資本構成を変えたときに,株主資本コストがどのように変化するかといった議論にも応用できます.さらに同業に属するいくつかの企業のデータを使ってベータを推計しようといったとき,仮に企業の行っている事業がほぼ同じであったとしても,その財務内容,ここでは資本構成が異なれば,株主資本コストも異なるわけですよね.そこで (4.1) 式を使って各社が無負債であったらベータはどれくらいであったかを計算してみると便利です.そうすれば,たとえば各社の無負債ベータの平均をとって当該業種の無負債ベータとして分析をしたり,それを使って同業の非上場企業の評価に応用したりすることもできるわけです.

> 学生:「そう考えると,すごく便利ですね.」

ええ,まあ.でも (4.1) 式はかなり簡略した場合であって,特に負債コストの水準や倒産リスクは無視されています.ですから,財務内容が大きく異なる企業の比較とか,資本構成の大幅な変更とかを検討しているときには,あまり鵜呑みにして使わないほうがよいと思います.

さて,次に負債コスト k_D です.たとえば単純に銀行の貸出金利を用いればよいだろうくらいに思うかもしれませんが,ちょっと気をつけなければいけない点が 1 つあります.まず,WACC の負債コスト k_D ですが,これを明示的に

$$k_D = \mathrm{E}[r_D](1-T)$$

と書くことにしましょう.つまり負債という証券の期待リターン $\mathrm{E}[r_D]$ に節税効果分の $(1-T)$ をかけて,それを負債の資本コスト k_D とします.

> 学生:「$(1-T)$ というのが節税効果を表すというのはわかるんですけど,どうしてそれが $(1-T)$ になるのでしょうか.もう一度説明してもらえませんか.」

そうですね.結構わかりにくいのではないかと思います.簡単に説明する方法としては,もう一度図 4.4 を考えてみてください.企業が獲得するキャッシュフローは毎期 20 として,負債がゼロなら法人税は税率 50% として 10.ところが利率 10% で負債を $D = 50$ 借りていると,税金支払額は

$(20 - (0.1) \times 50) \times 50\% = 7.5$ でしたよね．したがって負債 $D = 50$ の利子の 10% の支払が発生するわけですが，この 5 については税金はかからない．その分の効果として $10 - 7.5 = 2.5$ の税金支払いが減少したわけです．企業のキャッシュフローのうち，利子支払い 5 に対しては，もし負債がゼロであればこれにも 50% の税金がかかった．この効果を考えると，利子支払はたしかに 10% であるが，そのうちの $1 - T = 50\%$ は，負債利払いがなければ税金として政府に支払われたわけです．ということは，この効果を考慮すれば，利払い 5 のうち，無負債のときと比べて納税額に 2.5 の減少があるため，実質的な利払いは $5 \times 50\% = 2.5$ ではないか，ということになるわけです．これが $k_D = \mathrm{E}[r_D](1-T)$ の $(1-T)$ の部分の調整になるわけです．

さて次に $\mathrm{E}[r_D]$ をどう決めるのか，という話になるわけです．1つの単純な方法としては，負債の部分についても CAPM をそのまま使ってしまって，何らかの方法で β_D を決めてしまう．これによって証券としての負債の期待リターンが計算できますので，それを使うということですね．他の方法としてはもう少し明示的に倒産リスクを考慮しましょうというものです．先ほど MM 定理のところで倒産リスクを取り入れようとするとなかなかむずかしいと説明しましたが，倒産リスクを単純に無視するわけにはいきませんから，何らかの形で $\mathrm{E}[r_D]$ に倒産リスクを反映させたいということです．

1 つ利用しやすい方法として，分析対象の企業の格付けを利用することができます．格付けごとに，利子率がどのくらいの水準かというのはデータからだいたいわかりますので，格付けに応じた $\mathrm{E}[r_D]$ を設定すればよいわけです．ただ面倒なのは，たとえばその企業が資本構成を変更したときにどうなるのかを分析したい場合です．たとえば負債 D を増加させて D/E が変化した．そのときはたして $\mathrm{E}[r_D]$ はどう変わるのか．当然のことながら D/E が変われば倒産リスクも変わるでしょうから，結果的に格付けも悪化するかもしれません．そのときに，じゃあ $\mathrm{E}[r_D]$ がどう変わるのか．こういうことの判断は入手できる情報量にもよりますが，なかなかむずかしいわけです．格付けと各種の財務指標を関連づけて，各 D/E 比率ごとに $\mathrm{E}[r_D]$ を決めるというのがよく言われますが，けっして簡単ではありません．いろいろとおもしろい手法や分析があるのですが，ここでは格付けなどを考えながら，D/E 比率の変化に応じて

$\mathrm{E}[r_D]$ を決めてあげるということにしておきます.

さて，WACCを計算するためには，あと D と E が必要になります．結論から言うと，これはそれぞれ負債の簿価を D として，株価の時価総額を E とすることが多いのです．すでに定義しましたが，理論的には D と E はそれぞれ負債と株式の時価でした．ですから，E に株式時価総額を用いるというのはよいと思います．でも負債 D の時価というのはなかなかわからないので，結果としてバランスシート上の数値，いわゆる簿価を使うことが多いのです．ちょっと理論と実際の応用にギャップがありますが，日本では米国と比べても社債の取引があまり活発ではなく，社債の市場価格というのがわかりにくいのです．それでも優良な企業であれば，それほど深刻ではないかもしれませんが，簿価と時価の乖離が大きくなるのは倒産リスクが大きな社債です．ジャンク債とか，ハイイールド債と呼ばれる債券の市場は日本では非常に薄いこともあって，D の時価を求めるというは，簡単なことではありません．

4.5 WACCに対応するキャッシュフロー

以上，ここまでの話をまとめてみましょう．資本構成によって企業価値が変わってくる．実際に何が変わるかというと，要するに将来キャッシュフローを株主と債権者の間で切り分ける，その切り分け方が変わってくるわけです．それでその違いを割引率の観点からとらえなおしてみて，まとめてWACCという概念で企業全体の価値を計算しようというわけです．

> 学生：「すいません，最後のところがわからないのですが．割引率はWACCを用いるとして，DCF法の例の分子のキャッシュフローはどうすればよいのでしたっけ？」

そうそう．重要な話が残っていましたね．分母の割引率にWACCを用いるときには，分子には企業全体のキャッシュフローということでFCFF (Free Cash Flow to Firm) というものを用います．大雑把に定義すると

$$\text{FCFF} = \text{EBIT} \times (1 - \text{税率}) + \text{減価償却費} - \text{資本支出} - \Delta\text{運転資本}$$

となります．これがいったい何なのか，というのはバリュエーションの章でくわしく検討しますが，概念的には図 4.1 や図 4.5 で考えた将来キャッシュフローです．詳細には立ち入りませんが，ここでは次のことだけ強調しておきます．分子に企業全体が獲得するキャッシュフローということで FCFF を使って，分母には WACC を用いる．これで DCF 法によって

$$企業価値 = \sum_{t=1}^{t=\infty} \frac{\text{FCFF}_t}{(1+\text{WACC})^t} \qquad (4.2)$$

として計算されます．

さてそれで注目していただきたいのは，企業価値は資本構成によって変化するかどうかという MM 定理で議論した論点です．FCFF の定義と WACC の定義を見ればわかると思いますが，(4.2) 式の分子，つまり FCFF は資本構成 D/E 比率を変えても変化しませんよね．節税効果を含む，D/E 比率の変化による影響は，すべて分母の WACC を通じて反映されています．要するに (4.2) 式では D/E 比率の変化，つまり財務面の変化を分母の WACC の変化によって表しているわけです．この章の多くの議論が，分母の WACC の議論に費やされたのもそのためです．いずれにしろ (4.2) 式の枠組みのなかでは，企業価値を最大化する D/E 比率はなにかという問いかけに対する答えは，分母の割引率である WACC を最小化するような D/E 比率である，ということになります．

> 学生：「図 4.7 あたりを見ていると，割引率で調整するよりも，分子のキャッシュフローに対する資本構成の影響をきちんと計算するほうが自然なように思いますが，なぜ分母だけで処理しようとするのでしょうか．」

そうなんですよね．WACC を使った企業評価の方法論を理解するうえで，非常に重要な点です．

まず，気をつけてほしいのですが，(4.2) 式は，単に 1 つの方法にすぎないということです．けっしてこの方法だけが正しいというものではない．ご指摘のとおりに将来キャッシュフロー，つまり分子の部分に資本構成の影響を反映

させても，分母の割引率もそれにあわせて整合性をとってあげれば問題ないわけです．きちんと整合性をとってあれば，理論的には正しい答えを導くことができるはずです．ただ，(4.2) 式を使ったやり方，つまり分母と分子の組合せは，実用上，やはり便利なことが多くてよく用いられるということです．

実際に，たとえば資本構成の変更によって生じる将来キャッシュフローの変化を予測するのは手間がかかりますし，特に企業の公開情報だけから予測していく場合にはとてもむずかしくなります．そういった点からも，分子のキャッシュフローは FCFF を計算して，資本構成の影響をすべて分母に押しこんでしまうこのやり方は，おそらく皆さんが最初に思う以上に，とてもうまく工夫されているのです．

ただし，実務上は (4.2) 式を公式として利用することが多いのですが，じつはうまく工夫されているがために，あまり応用上は柔軟ではありません．たとえば，大きな資本構成の変化や，新規事業への進出などを議論するときには，むしろ使いやすくない．それどころか，この形に押し込めようとすると，無理が出てきてしまう．この本では扱いませんが，修正現在価値法などやリアルオプションの手法などを使ったほうが，応用範囲はかなり広くなります．それでも (4.2) 式は基本ですから，きちんと理解しておいていただきたい方法であることは間違いありません．

4.6 会計のバランスシートとファイナンスのバランスシート

学生：「WACC の計算のときに，負債と株主資本の時価加重平均をとる，という話が出てきましたよね．ちょっと疑問に感じ始めたのですが，そうすると簿価と時価の関係，または時価でのバランスシートというのは，何か意味があるのでしょうか？」

重要なポイントだと思いますよ．会計とファイナンスの違いについては 1 章で保留した論点ですし，とても重要なところなのでここで少しくわしく議論しておきましょう．

4.6 会計のバランスシートとファイナンスのバランスシート

まず，3章を思い出してほしいのですが，会計利益とキャッシュフローの違いについて説明しましたよね．

学生：「会計利益とキャッシュフローの動きは一致しない．」

そうですよね．会計利益とキャッシュフローのずれの問題は，言ってみれば会計上の損益計算書とキャッシュフロー計算書の違いだったと考えることができます．それとの対比で言うと，ここで問題になるのは，会計上のバランスシートと，ファイナンスのバランスシートの違いです．ここでの議論は必ずしも一般的な考え方ではないかもしれませんが，次のような形で考えるとよいかと思います．まず，バランスシートの形式ですが

資産	負債
	株主資本

となっていますよね．これは新しく会社を設立したようなときを想定するとわかりやすいです．たとえばまず 100 の借金をして，株主資本を 100 調達した．あわせて 200 の現金が手元にあるわけですが，このうち 180 で土地や工場を用意して製品を作り始めたとしましょう．このとき $t=0$ 時点におけるバランスシートは

現金	20	負債	100
固定資産	180	株主資本	100
	200		200

となります．ここで $t=0$ 時点から $t=1$ 時点までの生産活動から，利益が現金で 20 入ってきたとしましょう．そのときバランスシートは

現金	40	負債	100
固定資産	180	株主資本	120
	220		220

となるわけです．

1章で株主と債権者の資本価値の最大化を企業の目的としたときに，それなら負債を増やせばそれだけ企業価値が増加することになってしまう，と指摘した方がいましたね．たしかにバランスシートの大きさを「価値」と呼ぶのであれば，それは資金を調達すればするほど大きくなるわけです．ごくごく単純に考えると，会計というのは簿記，記録からスタートしているわけです．バランスシートというのは，過去の企業活動の記録にほかなりません．株主資本，特に利益剰余金が大きくなっていれば，これは過去の活動から蓄積した利益が大きいということですから，その意味で価値が大きいというのは理解しやすい．ですが，借金が増えて価値が増えるというのは，直感には反するわけですよね．ですから，バランスシートの大きさがふくらむこと自体が価値を創出するとは考えにくい．

これに対して，こちらもごく単純に考えると，コーポレートファイナンスでは，将来キャッシュフローからスタートする．つまり，これまでの記録ではなく，将来の予想から始まるわけです．その意味で，両者の違いははっきりしています．もちろん，みなさんもご存知のとおり，現在の会計におけるバランスシートは，単に過去の記録にとどまらず，将来の不確実性にも焦点があてられています．たとえば，銀行の不良債権問題で一時話題になった繰延税金資産などは良い例ですよね．でも会計のバランスシートはやはり過去の記録からスタートしているといってよいと思います．この違いは大きいのです．

そこで，ファイナンス的に考えたバランスシートということで，次のような順序で考えてみましょう．図4.8を見ながら考えてみてください．まずはじめに資産というモノがあって，それを使って将来キャッシュフロー (1) が生み出される．(1) はCAPMなどを利用して，現在価値に引き戻される．その金額を A としましょう．これでバランスシート左側の A の大きさが決まる．次に資本構成を決めることによって，(1) を株主と債権者にどう切り分けるかを決める．つまり (1) が (2) と (3) に切り分けられるわけです．このそれぞれの現在価値を計算して，それを D と E と表すことにしましょう．たとえばMM定理の言っていることは，取引費用，税金，倒産などが考慮されなければ $A = D + E$ が成立する，ということです．A というピザの大きさが変わら

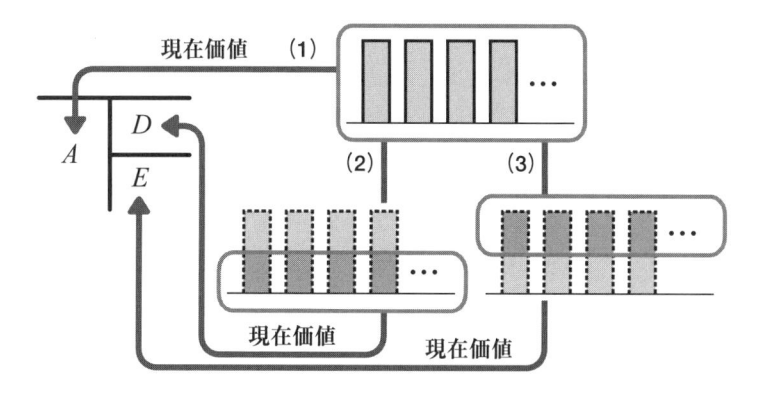

図 4.8　ファイナンスのバランスシート

ないのですから，その切り分け方，すなわち資本構成は全体の大きさに何の影響も与えない．ところが，たとえば税金を考えるだけで A と $D+E$ の合計は違ってきたりするわけです．このように考えれば，この章で考えた資本構成の話は，だいぶすっきりとするのではないかと思います．

　　学生：「そうなると，バランスシートの右と左は必ずしもバラン
　　　スするとは限らないので，間違いではありませんか？」

そう．たしかにバランスするとは限らない．これは間違いというよりも，見方の違いでしょうね．左右がバランスするからバランスシート，という会計の常識すら，ちょっと頭から取り払って考えていただいたほうがよいかもしれません．特に会計に精通している方のほうが，時価の負債と株主資本という考え方に慣れるのに抵抗が大きいようですから．

　　学生：「会計でも最近は時価評価というのがよく出てきますよ
　　　ね．これとの関係はどうなんでしょうか？」

それも重要な点ですね．時価をどう定義しているかですが，多くの場合，現時点での市場価格，取引価格などを参考に決められるわけです．ですから，現在の市場価格が，将来キャッシュフローを現時点の情報のもとで公正に評価したものであるとすれば，時価評価によって値洗いされたバランスシートは，ここ

でいうファイナンスのバランスシートの概念に近くなっているはずです．

ただ，現時点の市場価格というのが，必ずしもここで言っているような現在価値と一致するとは限らないわけですよね．特にあまり取引が活発に行われない土地などが良い例です．会計というのはルールですから，「時価」を計算するルールを定めなければならない．言ってみれば，時価という名の新しい簿価を決めているようなものでもあります．ですから，過去の記録からスタートする会計のバランスシートと，ここで考えたような将来キャッシュフローの現在価値としてのバランスシートを完全に統合することはできないでしょうね．むしろ過去の記録と将来の予測，この2つの視点をごちゃ混ぜにしないで，両方の視点から整理して考えられるようになることのほうが重要なのだと思います．

4.7 データ編：日本企業の資本構成

それでは，日本企業の資本構成のデータを見てみましょう．表4.1は産業別の資本構成，すなわち負債比率を示しています．ここでは，2004年3月時点で東京証券取引所の第1部あるいは第2部に上場している企業について，産業別の負債比率を示しています．負債比率は次のように定義しています．

$$負債比率（時価）= \frac{負債}{負債 + 株式時価総額}$$

$$負債比率（簿価）= \frac{負債}{負債 + 株主資本簿価}$$

負債は次のように計算します．

負債 ＝ 短期借入金 ＋ コマーシャル・ペーパー ＋ 1年以内返済の長期借入金
　　　＋ 1年以内償還の社債・転換社債 ＋ 長期借入金 ＋ 社債・転換社債

なお，負債比率（時価）を計算する際に用いた株式時価総額は，2004年3月期末のデータを用いています．

負債比率（時価），負債比率（簿価）を平均すると，それぞれ0.37，0.34となります．時価ベースと簿価ベースの負債比率を比較すると，簿価ベースの負

債比率のほうが小さくなっています．これは，多くの企業で株主資本簿価と株式時価総額では，株式時価総額のほうが大きいことを反映しています．

産業ごとの負債比率を見ると，他の産業と比較して電力業界の負債比率が高い水準にあることがわかります．これは，電力業界では倒産リスクが相対的に低いので，負債比率が高くなる傾向があるためだと考えられます．

これに対して，負債比率がもっとも低いのは医薬品業界です．これは，医薬品業界では株主と債権者の利害対立が発生しやすいためでしょう．

これは医薬品業界の事業の2つの特徴を反映しています．第1の特徴は，事業リスクの高さです．医薬品業界では，医薬品の開発に成功すれば大きな利益をもたらしますが，開発が成功する確率はけっして高くありません．このように医薬品産業の事業リスクは高いですが，債権者は高いリスクの事業を好まな

表 4.1　産業別負債比率：2004 年 3 月期

産　業	負債比率 （時価）	負債比率 （簿価）	産　業	負債比率 （時価）	負債比率 （簿価）
水産	0.54	0.59	鉱業	0.44	0.46
建設	0.40	0.39	食品	0.32	0.33
繊維	0.37	0.42	パルプ・紙	0.54	0.55
化学	0.30	0.33	医薬品	0.10	0.14
石油	0.49	0.54	ゴム	0.33	0.34
窯業	0.42	0.41	鉄鋼	0.45	0.47
非鉄金属	0.39	0.40	機械	0.30	0.34
電気機器	0.23	0.30	造船	0.50	0.58
自動車	0.32	0.36	輸送用機器	0.37	0.36
精密機器	0.24	0.33	その他製造	0.27	0.31
商社	0.36	0.37	小売業	0.32	0.36
不動産	0.51	0.61	鉄道・バス	0.62	0.76
陸運	0.36	0.34	海運	0.56	0.69
空運	0.60	0.74	倉庫	0.50	0.46
通信	0.17	0.25	電力	0.70	0.72
ガス	0.52	0.51	サービス	0.22	0.27

いため，負債比率が低くなっているのです．

第2の特徴は，医薬品業界の投資は研究開発に対する投資であり，プロジェクトが長期間にわたるという点です．医薬品業界では設備投資に対してではなく主に研究開発活動に投資します．また医薬品の開発から販売までには，10年程度の長期の時間が必要になることもあります．このように医薬品業界の投資は容易に観察することができず，また長期間にわたります．債権者は，こうした投資プロジェクトを容易にモニターすることができないため，モニターするコストが高くなります．したがって，医薬品業界では負債コストが高くなるため，負債比率が低くなっています．

4.8 データ編：アンレバード・ベータと資本コスト

続いて，日本企業のアンレバード・ベータと資本コストを見てましょう．すでに説明したように，アンレバード・ベータは負債ゼロでレバレッジを活用していない場合のベータで，次式によって計算されます．

$$\beta_u = \frac{\beta_{\text{lev}}}{1+(1-t)D/E}$$

表 4.2 は産業別に，アンレバード・ベータと資本コストを示しています[*1]．

まず，表 4.2 のアンレバード・ベータと 2 章の表 2.2 のベータを比較すると，アンレバード・ベータのほうが低いことがわかります．これは，負債を利用することでレバレッジが高くなり，ベータが高くなっていることを意味します．

また表 4.2 の無負債時の資本コストと WACC を比較してみましょう．WACC は実際の資本構成，株主資本コスト，負債コストを前提に算出された加重平均資本コストです．具体的には，株主資本コストについては，ベータは過去の株式リターンから算出し，安全資産利子率が 2%，マーケットリスクプ

[*1] アンレバード・ベータを計算するにあたり，1999 年 4 月から 2004 年 3 月までの 60 ヶ月の月次リターンと TOPIX，安全資産利子率からベータを計算しています．サンプルは，東京証券取引所の第 1 部あるいは第 2 部に上場している企業です．そして，2004 年 3 月末の負債比率（時価）を算出し，税率を 40% と仮定したうえで各社のアンレバード・ベータを算出し，産業ごとの平均値を計算しました．

表 4.2 産業別アンレバード・ベータと資本コスト：2004年3月期

産業	β_u	無負債時資本コスト	WACC	産業	β_u	無負債時資本コスト	WACC
水産	0.59	4.37%	3.02%	鉱業	1.38	7.52%	5.39%
建設	0.72	4.89%	3.70%	食品	0.42	3.66%	2.99%
繊維	0.84	5.37%	4.13%	パルプ・紙	0.64	4.56%	2.98%
化学	0.80	5.21%	4.27%	医薬品	0.56	4.22%	4.07%
石油	0.64	4.55%	3.54%	ゴム	0.82	5.28%	4.5 %
窯業	1.03	6.12%	4.52%	鉄鋼	1.16	6.66%	4.81%
非鉄金属	0.94	5.76%	4.39%	機械	0.99	5.96%	4.97%
電気機器	1.15	6.61%	5.76%	造船	1.06	6.26%	4.38%
自動車	0.76	5.05%	3.98%	輸送用機器	0.91	5.64%	4.5 %
精密機器	1.06	6.26%	5.47%	その他製造	0.75	4.98%	4.26%
商社	0.91	5.63%	4.38%	小売業	0.66	4.64%	3.71%
不動産	0.90	5.61%	3.68%	鉄道・バス	0.25	3.00%	2.34%
陸運	0.56	4.23%	3.32%	海運	0.99	5.95%	4.16%
空運	0.62	4.47%	2.87%	倉庫	0.53	4.11%	2.89%
通信	1.27	7.09%	6.52%	電力	0.04	2.15%	1.82%
ガス	0.16	2.62%	1.87%	サービス	0.91	5.62%	4.83%

レミアムは 4% と仮定して計算しています．また負債コストは，2004年3月期における支払利子を有利子負債で控除することで支払利子率を計算し，税率を 40% と仮定したうえで負債コストを計算しています．

　これに対して，無負債時資本コストは，実際の資本構成から，無負債でレバレッジを利用しない資本構成へ変更した場合の資本コスト，つまりアンレバード・ベータを用いて算出された株主資本コストです．

　無負債時資本コストと WACC を比較すると，すべての産業で WACC のほうが低くなっています．このことは，負債による資金調達を行いレバレッジを高めることで，資本コストあるいはハードルレートが低くなっていることを意味します．負債を利用するとベータは高くなるので，株主資本コストは無負債の場合よりも高くなります．同時に，負債には節税効果があるため，負債によ

る資金調達を行うメリットもあります．このように，負債の利用は資本コストにプラスとマイナスの影響を与えますが，全体としてはプラスの影響のほうが大きく，資本コストが低下しているといえます．

ただし，ここで用いたアンレバード・ベータの計算方法は倒産コストを考慮していない単純なモデルなので，100％負債の場合にもっとも資本コストが小さくなります．すでに説明したように，信用リスクを考慮して負債比率とベータの関係をモデル化するのは複雑なので，ここでは簡便なモデルを使っています．このモデルは倒産コストを考慮していないので，税金の影響に関するモジリアニ・ミラーの定理が成り立ち，100％負債の場合に資本コストがもっとも小さくなります．しかし現実には，負債比率を高めると倒産リスクが高まるので，債権者が要求する利回りも上昇すると考えられます．このように倒産コストを考慮していないので現実をそのまま説明できるわけではありませんが，企業価値や資本構成を考えるうえで重要なモデルだという点に留意してください．

4.9 要　約

- 株主と債権者では受け取るキャッシュフローの性質が違うので，株主と債権者の機会費用は異なる．このため，株主資本コストと負債の資本コストには違いが生じる．
- コーポレートファイナンスでは，株主が企業の所有者．企業が生み出す将来キャッシュフローこそが企業であり，借金を返済したのちに残るキャッシュフローに対する請求権をもつのが株主だからである．
- 負債による資金調達を行えば，倒産リスクが発生するほか，事業の選択や資金調達面での柔軟性が失われる可能性や，債権者と株主で利害対立が発生する可能性がある．一方で，負債には節税効果や経営者に対する規律付けという効果がある．
- モジリアニ・ミラーの定理では，税金，取引コスト，債務不履行の可能性が存在しないときには，企業価値はレバレッジの影響を受けない．また投資と資金調達の意思決定が分離できる．負債の節税効果を考慮した

場合，企業の最適負債比率は 100% 負債になる．この場合，企業価値は支払利息の節税効果の現在価値分だけ増加する．

- WACC（加重平均資本コスト）は次のように定義される．

$$\text{WACC} = \frac{E}{D+E}k_E + \frac{D}{D+E}k_D$$

D と E はそれぞれ負債と株式の時価で，k_E は株主資本コスト，k_D は負債コストである．

- 企業全体のキャッシュフローである FCFF (Free Cash Flow to Firm) は次のように定義される．

$$\text{FCFF} = \text{EBIT} \times (1 - 税率) + 減価償却費 - 資本支出 - \Delta 運転資本$$

- DCF 法によって企業価値は次のように計算される．

$$企業価値 = \sum_{t=1}^{t=\infty} \frac{\text{FCFF}_t}{(1+\text{WACC})^t} \tag{4.3}$$

FCFF は資本構成を変更しても変わらない．このため，企業価値を最大化するためには分母の割引率である WACC を最小化する必要がある．

Introduction to Corporate Finance

第 5 章
投資家への利益還元

5.1 配当政策の重要性

さて,この章では企業の配当について議論を進めていきましょう.まず最初にみなさんにうかがいたいのですが,配当というのは株主にとって好ましいことなのでしょうか.

> **学生:**「当然うれしいことですよね.現金がもらえるのですから.配当は多ければ多いほうが良いに決まっている.」

> **学生:**「でも,たとえばマイクロソフトが配当を始めたときには成長率が鈍化したという,むしろ悪いニュースとして報道されましたよね.」

> **学生:**「配当自体は多いにこしたことはないでしょうが,借金して配当するようなら,本末転倒という気もします.」

やはり,基本的に配当は株主にとって良いことであると考える方が多いようですね.じつはコーポレートファイナンスの理論では,配当については良い影響だけでなく,むしろ悪い影響の部分も強調されます.配当は良いことなのか,それとも悪いことなのか.どのくらいの水準なら適正と考えられるのか.この章ではそのあたりについて考えていきましょう.

まず,もうお馴染みになった図で,配当をどう考えればよいのかを確認しましょう.図 5.1 での配当というのは,投資家への利益還元,つまり株主が受け取る将来キャッシュフローです.要するに企業が将来獲得するキャッシュフローですから,それを株主に配ればよいではないか,と思うかもしれません.でも,じつはこれは非常にむずかしい問題を含んでいます.

というのは,実際の企業活動は図 5.2 のように継続して行われるわけです.つまり,たとえば設備の更新や事業の拡大,新規事業への進出など,継続的な支出も必要になります.もちろん,資金が必要になった時点で増資をしたり,借り入れをしたりすることもできますが,既存の事業で得たキャッシュフローを使うのもひとつの選択肢です.外部資金を調達すると,さまざまな取引費用が発生しますから,それを考えると内部資金を使うのがじつはもっとも有力な

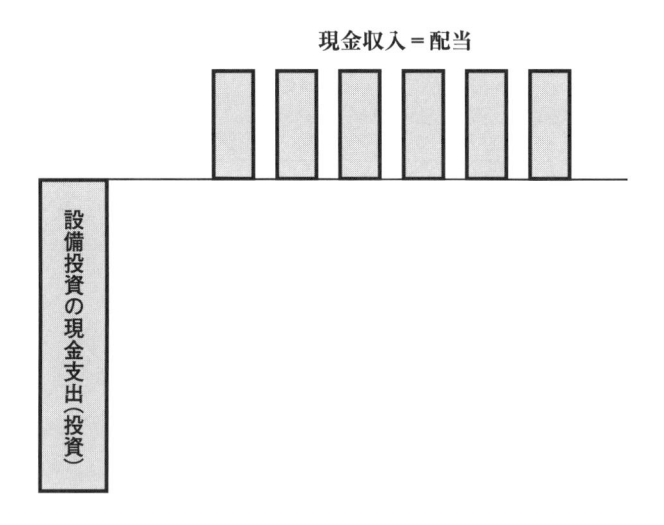

図 5.1 キャッシュフローと配当

手段といっても間違いではありません．

特に図 5.2 のように，これまでの事業から獲得したキャッシュフローを新規事業に投資することによって，将来キャッシュフローの増加が期待できるような場合．こういった状況では，株主に配当するよりも，将来発生する追加投資に備えて資金を積み上げておいたほうが，株主にとっても好ましいでしょう．

> **学生**：「でも一方で，有望な投資先もないのに利益剰余金を積み上げているような企業も多いわけですよね．そういった企業はあまり評判よくないと思いますけど．」

そうですね．それは次の 6 章の大きな論点になりますが，そのとおりです．余剰キャッシュフローがたくさんあると，いつの間にか外国人投資家に株を買い占められたりする．そういう標的になりやすいとよく言われますよね．

いずれにしろ，配当を決めるということは，基本的に企業が獲得したキャッシュフローをどう使うか，そしてそれは企業の将来がどうなっていくのかに直結するわけです．その意味で，配当を語るということは，企業の経営を語っていると言っても過言ではない．ですから，単純に獲得したキャッシュフローを配ればよいという話ではなくて，企業経営の将来を経営者がどう考えているの

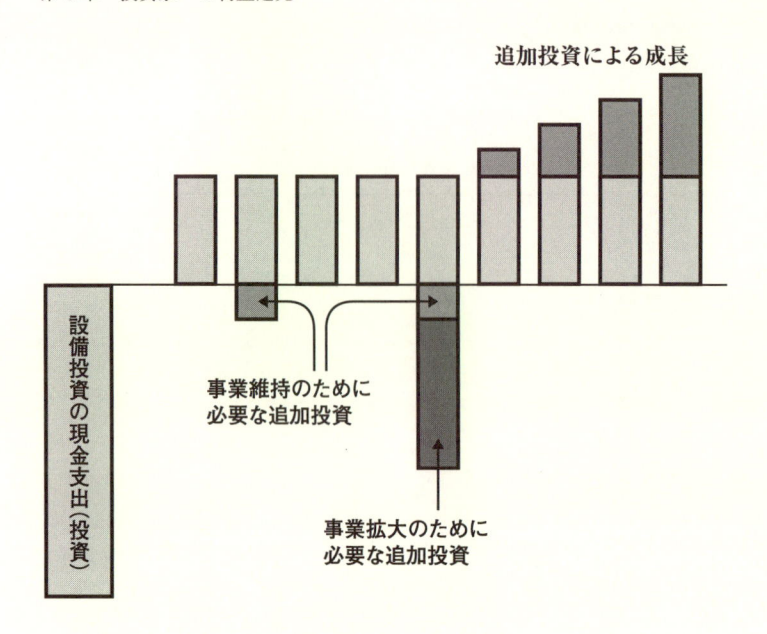

図 5.2　追加投資と配当

かが問われているわけです．

　ところが，日本企業の多くは，あまり配当政策を重視してきませんでした．最近はだいぶ様子が変わってきて，多くの企業が配当重視とか，目標配当性向を IR 資料に明記したりするようになりました．しかし，どのくらい配当すればよいのか，はっきりとした意見をもっている経営者の方はどれくらいいるのでしょうか．

　投資家も利益還元を積極的に求めるようにはなってきましたが，今期の配当を増やすことによって将来成長が鈍化するようだと困るわけです．どのくらいの配当でよしとするのか，投資家はどう判断するべきなのでしょうか．これは企業活動の将来，ひいては日本経済の将来に直接かかわる重大な問題ですよね．

5.2 配当と企業価値——モジリアニ・ミラーの定理

　さて，それでは配当をどう決めればよいのか．まず実際に配当水準がどのように推移しているのか，一般的な傾向について整理しておきましょう．米国の研究などを中心に，配当についてはいくつかのはっきりとした傾向が指摘されています．まず1つは，配当は利益の後追いになる傾向がある．つまり，ある年の利益が大きかったからといって，すぐに配当が増えるかというと，そうではない．何期か利益が好調に推移したあとで，ようやく配当が増加する．そういった後追い傾向があります．2つめは，配当額の変更幅は利益の変化に比べると小さいこと．純利益が100増加（減少）しても，配当はたとえば30しか増加（減少）しない．結果として利益に比べて配当は平準化され，年ごとの変化はだいぶ少なくなるわけです．このように，簡単に言えば配当の変化は利益に比べると平準化される．では，なぜ平準化されるのか．経営者がどのように配当を決めているのかという視点から，次のようなことが指摘されています．まず経営者は配当性向（＝配当／純利益）を長期的視点から決定する．今期もうかったからすぐ配当，ということではなく，長期的な利益水準との関係を重視する．これに関係しますが，経営者は高い水準の配当を維持できる見込みが十分に大きくなってから，配当を増加させる傾向がある．そして最後に配当の水準よりも，配当水準の変更により注意を払う．これらは配当についてとても顕著な傾向だと言われています．

　さて，こういった一般的な傾向を踏まえたうえで，配当が企業価値に与える影響について考えていきましょう．はたして配当は良いのか，悪いのか，もしくはどちらでもないのか．

> **学生：**「どちらでもないというのは，資本構成のときにもありましたけど，良い面と悪い面があって，あわせるとどちらかわからないということでしょうか？」

そういう面もあるのですが，ある状況のもとで「配当は企業価値に影響しない」という，配当についてのモジリアニ・ミラーの定理というのがあります．

まずはここから始めましょう．ちょうど資本構成のときと同じように，この定理は実際の世の中で起きることを予言するというよりは，非常に単純に企業財務を考えるとこういうことが言えるはずだ，という議論の出発点をはっきりと提示してくれるものです．コーポレートファイナンスで企業価値をどう考えるのかが，とてもうまく表れた議論です．

さて，配当についてのモジリアニ・ミラーの定理というのは，次のようなものです．

> **モジリアニ・ミラーの定理**
> 配当支払は企業価値と無関連であり，株主は配当の受け取りに関して無差別である．

つまり配当が多いか少ないかは，企業価値に影響しない，ということですね．

　　学生：「投資家の視点から考えると，配当は多いほうがよいと思うので，これはどうも直感と異なりますね．」

そうですね．ちょっと面食らう話かもしれません．でも，この結果が自然だと考えられる，というか，こういう発想が自然に理解できるようになると，コーポレートファイナンス的な考え方にかなり慣れてきたということになると思います．

例によってお馴染みの図を使って考えてみましょう．まず単純な場合として図5.3を見てみましょう．さて，企業価値とは何でしたっけ？

　　学生：「将来キャッシュフローの現在価値．」

そう．そう考えることにすると，この図では「企業価値」と書いてある部分ですよね．ところで，この企業が今期の活動によって得たキャッシュフローがあるとします．このキャッシュフローは将来キャッシュフローではありませんが，さて，企業価値に含めるべきかどうか．

　　学生：「今期のキャッシュフローということで，将来キャッシュフローではありませんが，企業が獲得したキャッシュフローです

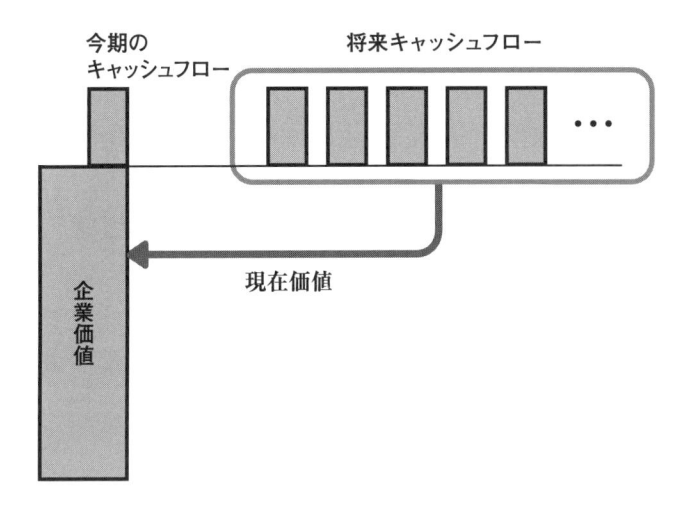

図 5.3　今期のキャッシュフローと企業価値

から，これも企業価値に含めるべきでしょうね.」

なるほど．このあたりは，じつは企業価値評価，いわゆるバリュエーションのところでとても重要になってきますが，ここは深入りをしないで，企業価値に今期のキャッシュフローも含めることにしましょう．

そのうえで，図 5.4 のように，配当政策の異なる 2 つの企業を考えます．1 つは，各期のキャッシュフローを，各期に配当として支払ってしまう場合．図 5.4 の上の図ですね．もう 1 つは獲得したキャッシュフローを現金として積

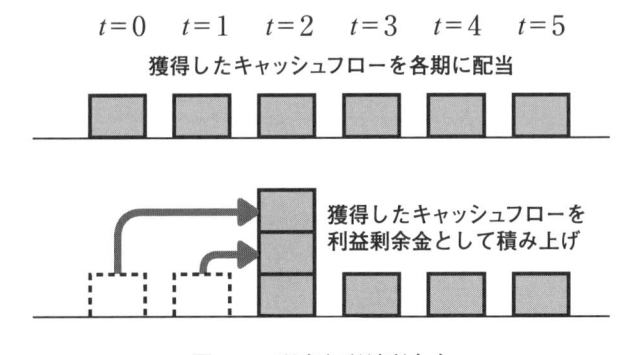

図 5.4　配当と利益剰余金

み上げてゆく場合，図 5.4 の下の図の場合です．

この企業の株式を，投資家が $t=0$ で購入し，$t=3$ で株式を売却した場合を描いたのが図 5.5 です．もし先ほど指摘があったとおり，売却時の株価が，$t=4$ 以降のキャッシュフローの $t=3$ 時点での現在価値と，それまでに留保してきたキャッシュフローとの合計になっていたとします．それぞれの場合に投資家が獲得するキャッシュフローが図 5.5 に描かれています．上と下の図で，キャッシュフローは異なりますが，仮に上の場合に投資家が $t=1$ と $t=2$ で獲得したキャッシュフローを銀行預金に預けておき，下の場合でも企業が利益剰余金を銀行に預金しておいたとすれば，結果としてどちらも同じキャッシュフローになりますよね．つまり，企業が内部留保しようと，配当し

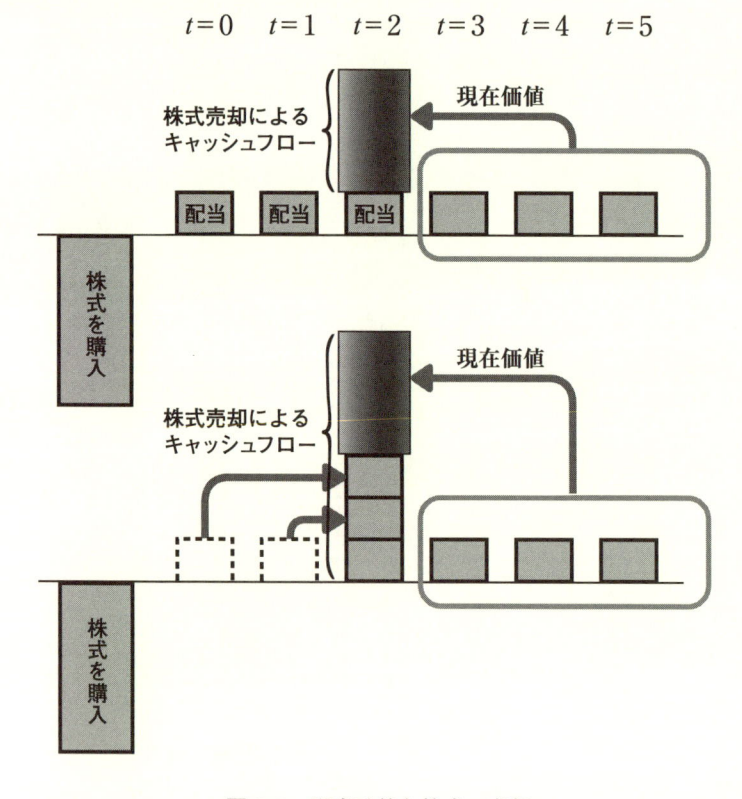

図 5.5　配当政策と株式の売却

ようと，投資家にとってはまったく同じことである．ここをまず直感的に捉えてください．

この図を理解してもらったという前提のもとで，さらに企業が配当を増加させた図 5.6 の状況を考えてみましょう．企業は配当原資として 100 をもっているとします．このとき企業が配当を 2 倍にしたとします．

学生：「でも今期のキャッシュフローとして 100 しかないわけで

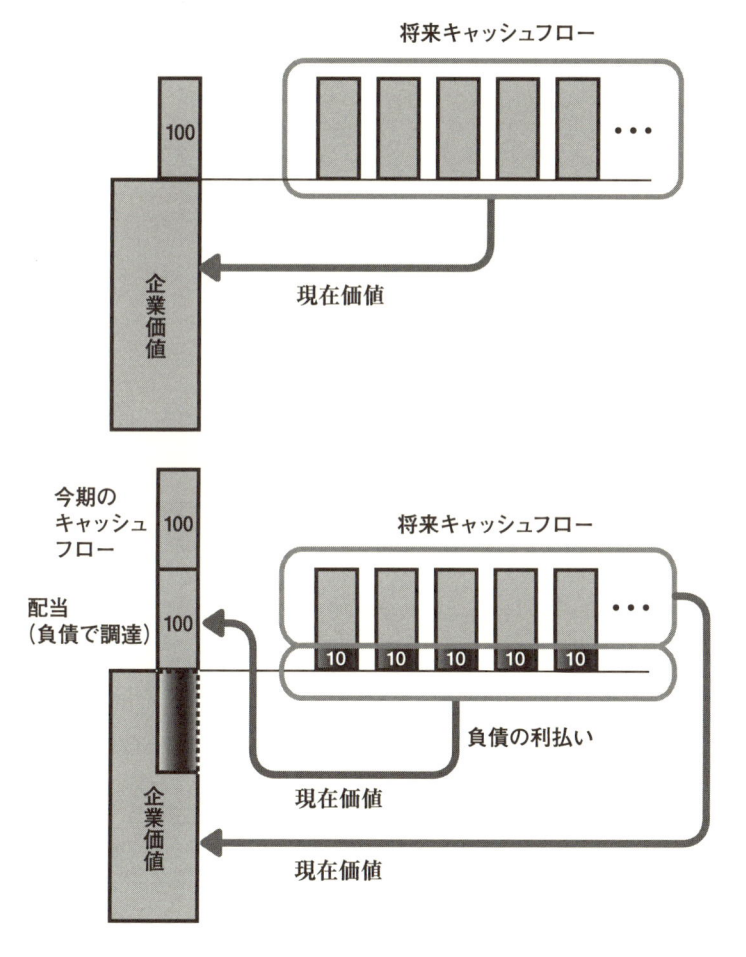

図 5.6 配当政策と負債

すよね．ないものをどうやって配当するのでしょうか.」

　そう．これまでの内部留保の蓄積がないとして，現時点で配当できるのは100だけ．200の配当をする場合には，どこからか資金を調達してこなければならない．

　仮にここでは負債によって調達してきたとしましょう．額面100，利率10％の負債で調達したのが図5.6の下のケースです．つまり，たしかに今期の配当は増えた．でもそれに見合うだけの利払いが将来発生するわけです．その分，株主が将来受け取る配当は減少するわけです．

　　学生：「なるほど．では今日受け取る分の増加は，将来受け取る
　　　　　分の減少によるわけですね.」

　　学生：「ということは，今日受け取るか，将来受け取るかの違い
　　　　　だから，現在価値で考えれば同じ．当たり前ですね.」

　そう，当たり前．だから配当は企業価値に影響を与えない．これがモジリアニ・ミラーの定理の言わんとしているところです．みなさん，でも最初は配当はよいことだと答えましたよね．繰り返しになりますが，コーポレートファイナンスでは，企業価値が増加することが良い・悪いの基準ですよね．ですから，配当によって企業価値が変わらないとすれば，コーポレートファイナンスの理論では，配当は良くもなく，悪くもない．そういういことになるわけです．でも最初はみなさん，あまり当たり前だとは思えなかったわけですよね．このあたりの発想の仕方がわかってくると，コーポレートファイナンスの考え方がだんだんと身についてきたのだと思います．

5.3　配当と税金——それでも好まれる配当

　さて，これが当たり前になってくると，そもそも配当はよいのかという問いかけに対して，びっくりするような展開が待っています．まずは税金を考えてみましょう．ここで考える税金は所得税とキャピタルゲイン課税です．

　配当が支払われると，これは投資家の所得となりますから，所得税が課され

ます．一方で，株式を売却したときに発生する売却差益，つまりキャピタルゲインについては，所得税とは異なる税率が課されます．一般にはキャピタルゲインに対する税率のほうが，所得税率よりも低いことが多いのですが，2005年時点で日本はかなり特殊な状況となっていて，両者の差がほとんどないと考えられています．ただ，これはむしろ例外的で，一般には所得税率のほうが高いことが多いのです．そうすると，これは何を意味するでしょうか．

> 学生：「図 5.5 のときには，下側の状況のほうが税金が少なくてすむ．」

そう．したがって，配当よりは内部留保してくれたほうが良い．つまり配当は好ましくない．

さらに配当は企業の都合，業績や財務上の理由などで決められる部分が大きいわけです．一方，いつ証券を売るかは投資家が決められるわけです．たとえば自分の収入が少ないときに株を売却したりできるわけです．そうなると配当による所得税の発生するタイミングは投資家が選べないので，さらに配当の旗色が悪くなる．

こう考えてくると，配当はむしろ投資家にとって好ましくない．現実にキャピタルゲイン税率と所得税率の違いが大きい場合には，少なくとも配当に不利な状況であることは間違いない．現金収入が必要であれば，株主が自分の都合の良いタイミングで株式を売却すればよい．株価は変動が大きいから，現金配当のほうが投資家にとっては安心だと思うかもしれませんが，逆に言えば株価が高いときを選んで売却できる可能性も出てくるわけです．このように，税金を考えると，配当は単純によいことだとは言えなくなる．

それでもたしかに配当は好まれる．たとえば，定年を迎えたときに，資産をどう運用するべきか．比較的安全な，倒産リスクの小さい企業で，かつ配当の大きな企業の株式に魅力を感じるというのは，これは自然なわけですよね．一方で，収入が大きくて課税所得も大きい投資家は，配当が少ない高成長企業の株式により魅力を感じるかもしれない．こういった，投資家の置かれた環境の違いが，配当に対する態度に影響していても不思議ではないわけです．ほかにも株式を売却するときに発生する取引コストとか，株式の流動性の問題を考え

ると，税金の違いを吸収して，結果として配当を好むような状況もありうるわけです．

それから，だんだんと数値化したり検証したりするのがむずかしい話になってはきますが，配当というのは現金を分配するわけですから，それだけの現金が手元にあるという証拠になるわけです．間接的にではありますが，企業が事業活動で実際に利潤をあげましたよ，という情報を含むことになる．たしかにIR活動で社長が「今期はもうかりました！」と連呼すれば，業績が良かったというシグナルにはなる．でも，それなら実際に利益還元してくださいと言われればそれまでですよね．配当すれば企業からカネが出ていくわけです．その意味で配当は高価なシグナルなわけですが，高価だからこそ強いシグナルとして投資家に信用してもらえるわけです．

もう1つ，先ほど指摘がありましたが，現金を積み上げている企業とか，不動産をやたらに保有しているような企業は，このところあまり評判がよろしくない．1つは敵対的買収などの標的になりやすいと言われているためですが，この点については次の6章で議論しましょう．でも，それ以前の問題として，獲得したキャッシュフローを積み上げているだけの企業が評判悪い理由は，図5.5によく表れています．つまり，獲得したキャッシュフローを配当せずに事業に投資するのであればともかく，銀行に預けたり，有価証券を買ったりして「寝かせて」おくのであれば，株主にとってはうれしくはない．さらに悪いことに，キャッシュフローを積み上げておいて，突然わけのわからない新規事業を始めたり，M&Aで高いプレミアムを支払って企業買収を始めたりする．ほかにも経営者が無駄遣いしてしまうことはいくらでもあるわけです．資本構成のところで負債の規律付け効果の話が出てきましたが，ちょうどそれと同じことですね．だから無駄遣いされるのであれば，配当として支払ってくれ．そういうことになってくるわけです．

5.4 適切な配当水準

以上で配当についての基本的な考え方が整理できたと思いますから，ここからは具体的にどのくらいの水準の配当を支払えばよいのかを考えていきま

しょう．まず，配当政策を決定するときに考慮するべきポイントを考えていきましょう．図 5.2 をもう一度見ながら考えてほしいのですが，獲得したキャッシュフローは，まず既存事業の維持や拡張，新規事業の開拓などに使われるわけです．ですから配当するべきかどうかは，その事業会社の投資機会に大きく影響されてくる．直感的には新しい有望な投資機会が少なくて，新規投資の資金の必要性が発生しないのであれば，できるだけ配当するほうがよいということになるでしょう．

　事業そのものの性質としてもう 1 つ重要なのは，事業の安定性でしょう．事業活動ですから，多かれ少なかれ不確実性がある．不測の事態が発生して何らかの資金支払が突然必要になったりする．ですから，事業が安定していれば，獲得したキャッシュフローのほとんどを配当しても大丈夫かもしれませんが，リスクの高い事業であれば内部留保をなるべく厚くして，追加的に必要となる支出に備えるべきでしょう．ただ，経営者としては，なるべく内部留保を増やしたいと思うのが当然です．おそらく許されるのであれば 100% 内部留保したいと思うのではないでしょうか．ですから，投資家は事業のリスクに見合った内部留保の水準であるかどうかを判断する必要がある．

　企業の財務面の状況も重要な要素です．たとえば現在の資本構成の水準，特に負債が多いときには，配当を増やすことによってそれだけ手許のキャッシュが減少するわけですから，来期以降の利子支払がむずかしくなる可能性がある．したがって配当を増やすことによって倒産リスクが高まり，結果として追加的な資金調達が必要になったときに，利子が高くなったりしてくるわけです．同じ事業を行っていたとしても，財務面の状況が違えば配当政策も異なってしかるべきわけです．

　それから，株主や債権者との関係という点で，配当のもつシグナリング効果も重要です．すでに説明したように，配当は実際に現金を支払うという意味で高価なシグナルですが，その分シグナルとしては有効なわけです．実際に増配とか減配というのは，資本市場の投資家にとっても非常に重要な情報であると受け取られることが多いですよね．今期の業績が良かった，かつ配当も増やした．ということは，きっと経営者も来期以降の事業について強気の予想をもっているに違いない，と受け取られることが多いのです．配当は現実に利益

還元をするというだけではなく，資本市場全体に，企業の業績見込みについてのシグナルを送るという視点からも評価しなければいけません．

以上をまとめると，配当政策を考えるときの論点として

- 企業の投資機会
- 利益の安定性
- 財務状況と資金調達の選択肢
- 資本市場への影響

などがあるわけです．

さて，それでは実際にどのくらいの水準の配当が適正なのか．それをどう決めていけばよいのか．まず配当は現金で支払わなければいけないということで，株主にとってのキャッシュフロー，つまり FCFE (Free Cash Flow to Equity) の定義を見てみましょう．

$$\text{FCFE} = \text{純利益} + \text{減価償却費} - \text{資本支出} - \Delta\text{運転資本} - \text{負債元本の返済} + \text{新規負債発行}$$

過去の事業から得られたキャッシュフローがすでに積み上げられていれば，借金をしなくても貯金を切り崩すことによって配当を支払うことはできる．しかし，長期的にそれをつづけることができるわけではない．したがって，各期に手に入れるキャッシュフローと配当支払の比較をする際に，FCFE が基準として用いられるわけです．

さて，上で定義した FCFE は，実際に企業が獲得するキャッシュフローですが，これをすべてそのまま配当として支払うわけではない．多くの場合，FCFE の一部だけが配当として支払われるわけです．先ほどすでに触れたように，不測の現金支出に備えたり，新たに有望な事業が出現したときに，機動的に投資を行ったりするために，経営者としてはできるだけ資金を内部留保しておきたいわけです．しかし一方で，経営者の好きなようにさせておくと，不必要に資金を積み上げて，挙句の果てに無駄遣いされてしまう．したがって，適正な配当水準の議論が大事になるわけですね．

> 学生:「でも,どのくらいの配当なら適性だと判断できるのでしょうか.」

適正な配当水準を考える際には,再び図 5.2 を見ていただくと,考えるべき論点が見えてくると思います.重要なのはただ 1 つ.裏返しの議論になりますが,FCFE をどう使うのか.すなわち企業のもつ事業の収益性.これに尽きるわけです.

> 学生:「配当が多いとか少ないとかではなくて,むしろ配当されないとしたらどのように使われるのかに注目すればよいわけですね.でも,事業の収益性というのはどう定義したらよいのでしょう?」

おや,それこそまさに 3 章で議論したはずですよ.

> 学生:「あっ,そうですね.資本コストを上回るかどうかを基準にするのでした.」

そう.コーポレートファイナンスでは,資本の機会費用を上回ることができるかどうか,結果として NPV が正になるのかどうかで判断されたわけです.実務上は ROE や ROA といった指標との比較もよく用いられますが,いずれにしろ企業が FCFE を使って資本コストを上回る収益が得られるのであれば,投資家としても追加的に投資をすることに合意できるわけです.

では,企業のもっている投資先と配当について,いくつかの場合に分けて考えましょう.まず,「優良な事業をもっていて,低配当」という場合.一時的に現金残高が増加しても長期的なリターンの増加が見込まれれば投資家はそれほど問題視しないはずです.逆に「優良な事業をもっていて高配当」であると,株主としてはむしろ配当を少なくして事業投資にまわしてほしいと考えるでしょう.というのは,資本コストを上回るリターンが期待できれば,投資家としては満足なわけですし,さらに FCFE を配当に使いはたしてしまうのであれば,事業に必要な資金を新たに調達してこなければならないため,それだけ取引費用が発生するでしょう.そうなると,むしろ投資としては効率が悪いということになってきます.

さて，基本的に良い事業をもっている会社というのはまだよいわけです．問題は良い事業をもっていない場合ですよね．「不良な事業しかもっていなくて低配当」という場合．これは困るわけです．FCFE の使い道がないのに配当しない．ということは，このキャッシュフローはハードルレートに満たない事業に投資されてしまうわけです．当然それは株主も嫌がる．そうすると何か収益性の高い事業を探してこないといけないわけですが，それもそう簡単には見つからない．経営者としても困ってしまう．せっかく積み上げてきた現金なのに，株主が納得してくれるような使い道がない．

ただ，手許に十分大きな現金がある場合などには，手っ取り早く収益の高そうな投資先を見つける方法が１つあります．何だかわかりますか．

　　学生：「有価証券や土地を購入すること．」

あっ，いい答えですね．わたしとしてはぜひ食いついて議論をふくらましたいところですが，それは次の６章にとっておきましょう．正解，不正解ということであれば，有価証券にしろ土地にしろ，不正解です．

　　学生「企業買収を行う．」

そう．とにかく有望な会社を買収してしまえばよい．ただ，基本的には買収するにあたって，何らかのプレミアムを支払う必要があって，これは往々にして高くなってしまうわけです．既存事業とのシナジー効果があれば高いプレミアムを支払ってでも買収することを正当化できるかもしれませんが，そうでなければ M&A は良い投資にはならないわけです．いずれにしろ有望な投資先をもっていないのに，FCFE よりも少ない配当しか支払わないとしたら，余った資金は無駄遣いされるおそれが大きい．これは投資家にとっては避けたい状況ですよね．

組合せとしてはもう１つ，「不良な事業で高配当」という場合があります．この場合，資金を無駄遣いされるリスクは減りますが，この企業の資金が遠からず底をつくことは見えているわけですよね．本質的な問題点は良い投資先がないということなのですが，もちろん配当政策にも問題があるわけです．

以上をまとめると，適切な配当というのは FCFE と配当の大小関係，そし

て配当しなかったキャッシュフローをどう使うのか，その使い道としてどのような投資先をもっているのかを考えればよいことになります．

5.5 現金配当以外の利益還元

> 学生：「現金配当以外にも利益分配の方法はありますよね．たとえば自社株買いとか．」

そうですね．自社株取得も 1 つの利益還元のやり方です．

図 5.7 を見ていただくと，モジリアニ・ミラーの定理のときと同じように考えれば，株主にとって自社株買いが企業価値に影響を与えないことはすぐにわかりますよね．今期の配当前の株式時価総額が 110($= 10/0.1 + 10$) で，発行済み株式数が 100 株であったとすると，1 株当たりの価格は 1.1. 今期に企業が得たキャッシュフロー 10 を使って，10/1.1 株を自社株買いして，すぐに償却してしまったとしましょう．このとき，発行済み株式数は 1000/11 になるわけです．1 株当たりの将来キャッシュフローは増加しますから，その点では好ましいわけですが，将来キャッシュフローの増加分は，現時点で行われなかった配当支払に相当する部分にすぎないわけです．そう考えてみれば，配当に関するモジリアニ・ミラーの定理がここでも成立するわけです．

> 学生：「自社株買いのメリットとして，1 株当たり利益（EPS, Earnings Per Share）の増加ということがよく言われますよね．モジリアニ・ミラーの定理と同じと言われれば，たしかにそうだという気もします．でも実際に，株式の一部を買い戻して償却すれば，株式 1 単位の持分が増加しますから，株価も高くなりそうな気もします．実際に図 5.7 でも EPS は増加しますよね．それでも企業価値には影響しないということなのでしょうか．」

図 5.7 の状況ですから，企業価値には影響しない，まさにモジリアニ・ミラーの定理の状況なわけです．でも，たしかに EPS は多くの市場参加者が注目している変数ですので，EPS が上昇すると株価もつられて上がるという面はあるかもしれません．株式市場の，おそらくは短期的に見られる特性も大事な側

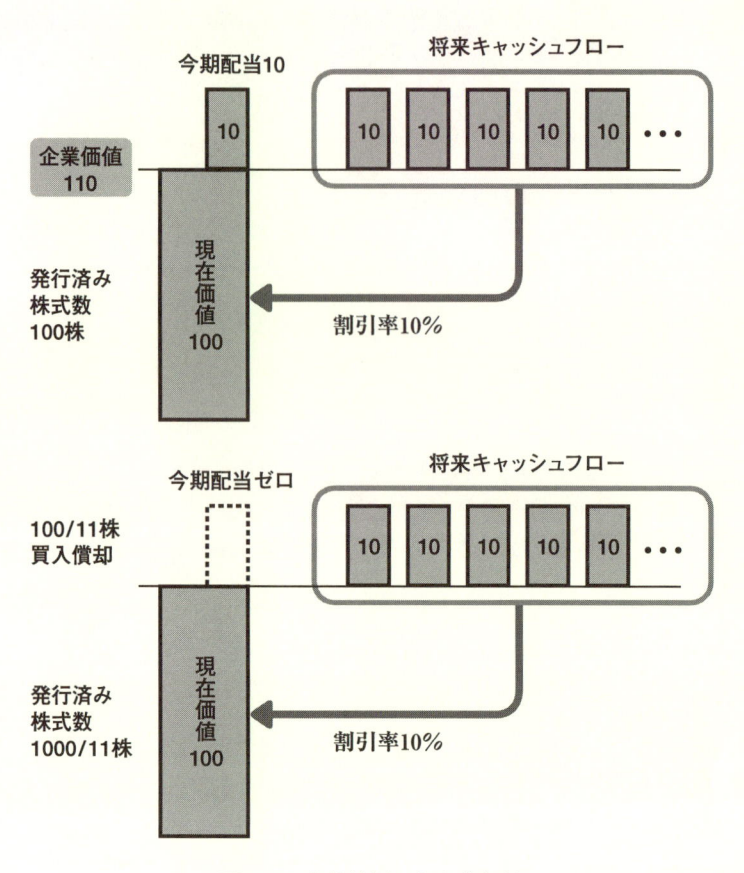

図 5.7 自社株買いと企業価値

面ですが，ここではあまり考えないことにします．

でも，そういった面を無視したとしても，自社株取得と企業価値の関係は微妙です．たとえば，図 5.8 を見てください．ここでは今期のキャッシュフローはゼロだったとして，10% の金利で 10 の負債を導入し，その資金を使って自社株を買って償却したと仮定しています．この場合，発行済株式数の減少によって 1 株当たりの持分は増加しますが，利子支払額によって FCFE や純利益も変化しますから，EPS が増えるかどうかは負債利率にも依存する．税金や倒産コストを考慮すれば，モジリアニ・ミラーの定理は成立しませんから，1 株当たりの株主価値に良い影響が出る可能性はあります．しかし，これは自社

5.5 現金配当以外の利益還元

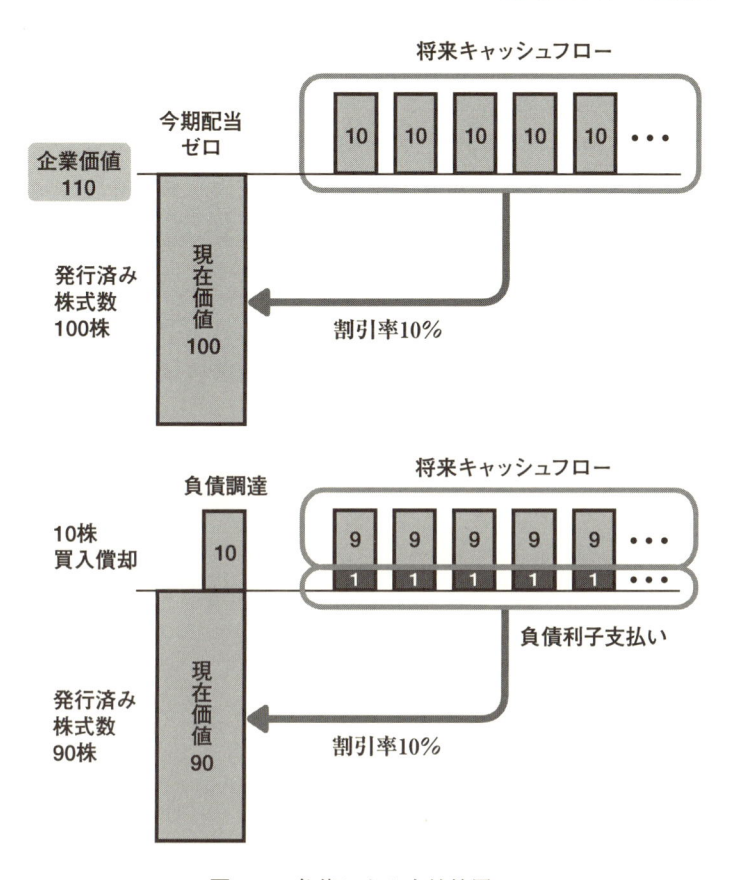

図 5.8 負債による自社株買い

株買いのために起きた変化というよりは，自社株買いのための資金調達によって，資本構成が変化し，それによって企業価値が変わったということです．

　　学生：「同じように考えると，株式分割とか株式配当というのは
　　何も価値を生み出さないはずですよね．」

そうですね．直接的には何の影響もないはずです．ただ，1 株当たりの株価が大きくなりすぎると，個人投資家は購入しにくいといった面も出てくるので，1 株当たりの規模を調整することによって，流動性が増加したり，潜在的な投資家層が多くなるといった面はあるかもしれません．しかし基本的には，企業

価値には影響しないと考えてよいでしょう．

そのほかにも利益還元の方法として，一部事業を売却して売却代金を特別配当したり，スピンオフさせて新しい企業の株式を分配したりすることもできます．いずれの場合も，いわゆる現金配当ではありませんが，一種の利益還元であると考えることはできます．

　　　学生：「でも，企業価値が向上するわけではないのですよね.」

そうですね．基本的には．しかし，企業がその事業をうまく展開できていないとしても，買い手企業にとっては何らかのシナジー効果が期待できるかもしれない．そうすると，買い手としては，プレミアムを支払ってでも買収したいと考えるかもしれません．あまり業績が良くない事業をつづけるよりは，思い切って売却してしまい，買い手からプレミアムを受け取ったほうが株主としてもよいはずです．そう考えればこれも立派な配当と考えることもできます．

5.6　データ編：日本企業の配当政策

では，日本企業の配当政策について実際のデータを見てみましょう．5章では，東京証券取引所の第1部あるいは第2部に上場している企業で，3月決算の企業をサンプルとしてまとめたものです．

図5.9は，過去25年間の日本企業における配当変更について示しています．まず，日本企業でも，多くの企業が配当を変更しないことがわかります．また減配，すなわち配当を前年度よりも少なくする企業は，きわめて少ないことが確認されます．こうしたことは，企業は減配と増配の両方を避ける傾向があることを意味しています．

企業が配当を減少させようとしない1つの理由は，減配に対して株式市場がネガティブな評価をするからです．一方，企業が増配を躊躇するのは，増配した場合，その金額を継続的に配当しなければならなくなるからです．つまり，ある年に配当を増加させたものの翌年に配当を減少させると，株式市場から低く評価されてしまいます．このため，経営者が増配を行うのは高い水準の配当を継続的に分配することができるという確信がある場合に限られます．

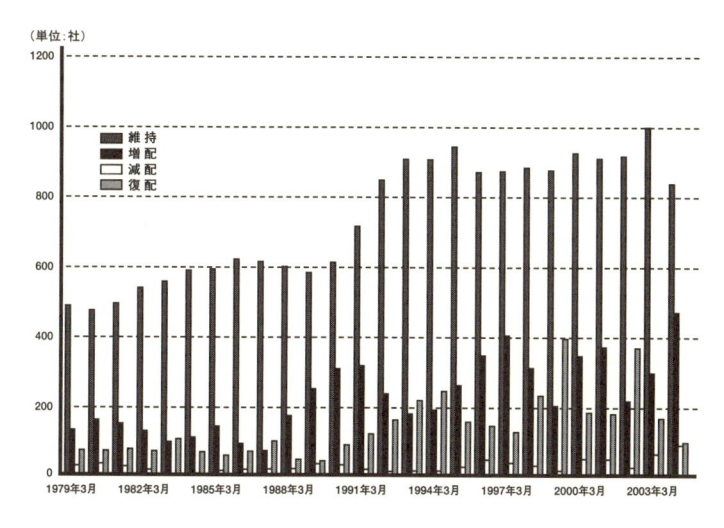

図 5.9　日本企業の配当変更：1979 年–2003 年

　ただし，2004 年 3 月期のデータを見ると，増配を行った企業が過去 25 年間でもっとも多くなっていることがわかります．このことは，日本企業の経営者が将来の業績に対して自信をもっているほか，高い配当を要求する投資家が増加していることを反映しているのでしょう．

　図 5.10 は，1976 年 3 月期から 2001 年 3 月期までの日本企業の利益と配当の推移を示しています[1]．この図から次の 3 点が明らかになります．

　第 1 に，配当は利益の後追いになっているということです．つまり，利益が増加したからといって配当もただちに増加するのではなく，配当が増加するのは何年か後になってからだということです．

　第 2 に，利益は配当よりも，変動幅が大きいということです．つまり，日本企業でも配当は利益と比較すると平準化されているのです．これは，図 5.9 で明らかになった，企業は配当を変更しようとしないということと，整合的だといえます．

---

[1] 図 5.10 では，額面 50 円の企業だけをサンプルとしてデータを分析しています．2001 年 3 月期までのデータしか示してないのは，2001 年 10 月施行の商法改正によって額面制度が廃止されたことによります．

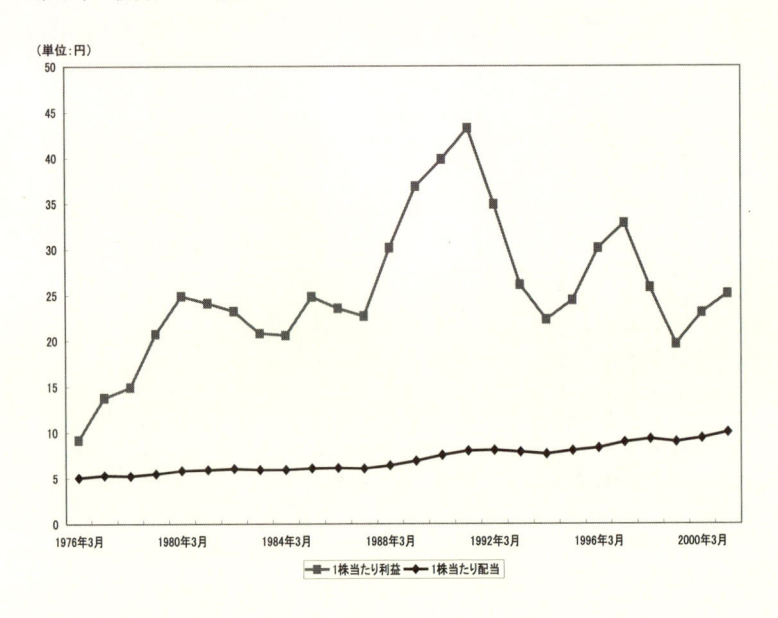

図 5.10 日本企業の 1 株当たり利益と 1 株当たり配当：1976 年–2001 年

第 3 に，わずかですが，配当が増加傾向にあるということです．76 年 3 月期の 1 株当たり配当は平均で 5.1 円でしたが，2001 年 3 月期には 10 円と，25 年間で倍増しています．図 5.9 で示したように，2004 年 3 月期に増配を行った企業は過去最高です．今後もこうした傾向はつづく可能性があります．

では，日本企業の経営者はどの程度の配当を行ってきたのでしょうか．約 20 年間の配当性向と配当利回りを示す図 5.11 を見てください．配当性向とは，配当を当期純利益で割った金額です．つまり，当期の利益から配当として分配した金額はどれくらいになるかを示す指標です．配当利回りとは，1 株当たりの配当を株価で割った値です．

まず，配当性向も配当利回りも，長期的には上昇傾向にあることがわかります．2004 年 3 月期には配当性向も配当利回りも減少していますが，2003 年 3 月期は配当性向 67%，配当利回りは 1.7% と過去 20 年間でもっとも高い水準です．

配当性向は，平均的に 40% から 50% 程度を推移しています．過去約 20 年間でもっとも配当性向が低いのは 1991 年 3 月期で，このときの配当性向は

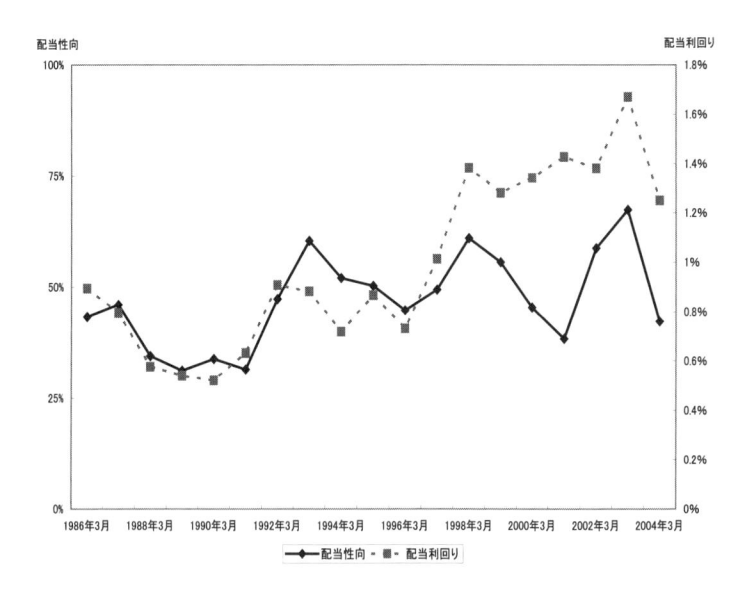

図 5.11　日本企業の配当性向と配当利回り：1986 年–2004 年

31.3% です．91 年 3 月期の配当性向が低い理由は，企業業績が好調だったものの，経営者は増配することを避ける傾向があったためです．言い換えれば，利益は増加しても，経営者は高い水準の配当を支払いつづける確信をもてなかったので，増配に踏み切らなかったのでしょう．

一方，バブル崩壊が企業業績にも影響を与え始めた 92 年 3 月期から配当性向が低下しているのは，利益が減少したものの，利益と同じように配当を減少させた企業が少なかったことを物語っています．

同様に，配当利回りは 1990 年 3 月期がもっとも低くなっていますが，これは分母の株価が高かったことによります．その後，バブル崩壊により株価が低下しましたが，配当利回りは上昇しています．こうしたデータは，経営者はバブル崩壊後も配当を大きく減らさなかったことを示しています．

最後に，図 5.12 を見てください．この図は，2004 年 3 月期のデータで，配当政策と企業の投資機会の関係について示しています[*2]．具体的には，株価純

[*2] 図 5.12 では，配当性向がマイナスあるいは 2 を超えるサンプルは，外れ値の影響を考慮して集計に含めていません．

資産倍率（Price to Book Ratio, PBR）ごとの配当性向と配当利回りを示しています．7章でくわしく説明しますが，PBRは株式時価総額を株主資本簿価で割ったもので，成長性を表す指標として使われます．成長性が高いということは，投資機会が豊富だということを意味します．したがって，PBRが高ければ投資機会が豊富で，PBRが低ければ投資機会が乏しいと考えられます．

図5.12では，PBRが低く投資機会が少ないほど，配当性向も配当利回りも低く，PBRが高く投資機会が豊富であるほど，配当性向と配当利回りが高くなる傾向が確認されます．言い換えれば，投資機会が多くあれば，配当せずに新たな投資を行い，投資機会が少なければ内部留保せずに配当として株主へ分配しているということです．こうしたデータから，日本企業は投資機会の豊富さを考慮したうえで，どの程度の金額を配当するかを決定していることがわかります．

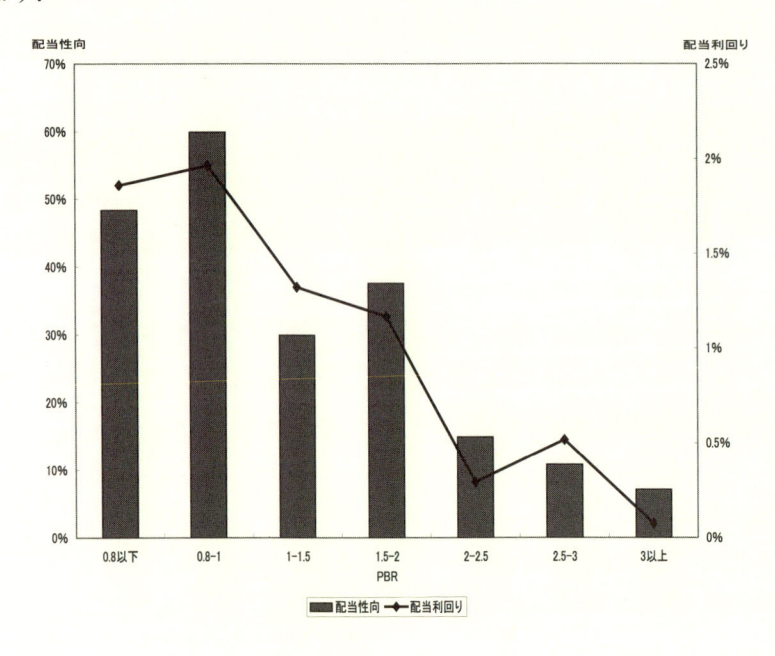

図5.12　日本企業の配当政策と投資機会：2004年

5.7 要約

- モジリアニ・ミラーの定理では，配当支払は企業価値と無関連であり，株主は配当の受け取りに関して無差別．
- 一般的に株式を売却したときに発生する売却差益，すなわちキャピタルゲインに対しては，投資家が配当を受け取った場合の所得税よりも低い税率が課される．このため，税金の観点からは配当は投資家にとって好ましくない．
- 税制上の不利益にもかかわらず，配当は投資家に好まれる．たとえば，倒産リスクの小さい企業の株式で資産を運用することを好む投資家にとって，高配当の企業は好ましい．また株式を売却するときに発生する取引コストや流動性を考慮して，配当が好まれることもある．
- 配当政策は，投資機会や利益の安定性，財務状況と資金調達の選択肢，資本市場への影響を考慮して決定する必要がある．
- 既存事業から獲得したキャッシュフローを新規事業に投資することで，将来キャッシュフローの増加が期待できる場合，株主に配当するよりも将来の投資に備えて利益剰余金として企業内部に留保するのが望ましい．
- 有望な投資機会が少なく，新規投資の資金の必要性が発生しない場合は，配当するのが望ましい．
- 事業には不確実性がともなうので，リスクの高い事業では内部留保により追加的に必要となる支出に備えることが重要になる．一方，事業の安定性が高い場合，獲得したキャッシュフローのほとんどを配当してもよい．
- 負債比率が高い場合，配当をすれば現金が減少するので，倒産リスクが高まる．このため，同じ事業を行っていたとしても，資本構成が違えば配当政策も違ってくる．
- 配当は実際に現金を支払うという意味で高価なシグナルであるからこそ，シグナルとして有効．配当政策を考慮する際には，資本市場に企業

の業績見込みについてのシグナルを送るという視点からも評価する必要がある．
- 現金配当以外の利益分配の方法として，自社株取得がある．税金や倒産コストを前提としないモジリアニ・ミラーの定理のもとでは，自社株取得は企業価値に影響を与えない．

Introduction to Corporate Finance

第6章
企業評価の手法

6.1 バリュエーション手法の視点

さて，この章では企業価値評価の手法，いわゆるバリュエーションと呼ばれる手法について見ていきます．これまでにも何度となく強調してきましたけれど，これはあくまでもコーポレートファイナンスの意味での企業価値，つまり「企業が生み出す将来キャッシュフローの現在価値」という意味での企業価値を評価する方法です．

企業価値というと，企業の真の所有者とは，従業員にとっての企業価値とは，企業の社会的責任とは，といった面が強調されがちですよね．実際に利潤最大化だけをめざしても良い経営はできないと強調する経営者や経営学者も多いわけです．ですから1章の繰り返しになりますが，まずはみなさんと意思統一を図っておかないといけない．ここで紹介する手法は，あくまでも企業が生み出すキャッシュフローの現在価値を試算する手順と考えてください．

> 学生：「なんだか，ちょっとそっけない感じはしますよね．これまで勉強してきて，ずっと感じてきたことではありますけど，単純にNPVを最大化するだけでよいのか，企業をそういった視点だけで捉えてしまってよいのでしょうか．」

それはたしかにそのとおりだと思いますよ．たしかにそっけない．入門編ということで，話題や視点を限定しているせいもありますが，ちょっと視点を変えればいろいろと違った側面が目についてきてしまう．ですから，ここでの目標が企業金融にまつわる話題についての万能薬を示すことではなくて，コーポレートファイナンスという分野の視点から眺めたらどうなのかを示すことが目的だということを思い出してください．

> 学生：「そうすると具体的には，誰の視点からながめてあげればよいのでしょうか．経営者？　株主？　それとも銀行？」

この章に関して言えば，株主の視点からの企業価値と考えていただいて結構です．いよいよ日本でも敵対的買収が本格化，大型化してきましたが，この章で紹介する手法を感覚的に理解するためには，敵対的買収を仕掛ける買収者の立

学生：「なんだかおだやかな話ではないですよね．わたしは敵対
　　　的買収をするような人間ではありません．」

まあ，敵対的買収の是非はともかくとして，実際にこれから紹介するバリュエーション手法がなぜ一般的になったかというと，米国で敵対的買収が盛んになったためだと言われています．つまり多くの企業経営者が敵対的買収を仕掛けられたら困るので，では買収者はいったいどういう方法でターゲットを定めているのだろうかと考え始めたわけです．そこでコンサルティング会社とか投資銀行がアドバイスをしていくうちに，具体的な方法が確立されてきたというわけです．ですから，敵対的買収を仕掛ける側に立つ予定がない人は，敵対的買収を仕掛けられないためにはどういう経営をしたらよいのか，そういった気持ちで考えればよいでしょう．

　また，バリュエーション手法は，敵対的買収ではなくても，M&A の際には企業価値の算定に必ず登場する手法です．企業再生とか，バイアウトといった場合にもよく用いられますよね．一般の投資家にとっても便利な手法で，自分の予測と現在の株価を比較して割安・割高を判断したりするときにも利用できるはずです．特に，たとえば証券アナリストが企業の決算発表や中期計画をもとに業績予想したりするときにも活用できるはずです．このようにさまざまな局面で利用される手法ですし，なんといってもコーポレートファイナンスの基本的な考え方が凝縮されていますから，ここまでの議論の総括としても良いトピックですね．

6.2　DCF 法

　では具体的に見ていきましょう．ここで紹介する DCF 法について，基本的な考え方はこれまでにお話してあります．要するに将来キャッシュフローを割り引いて現在価値 PV に戻すということです．

$$\text{PV} = \sum_{t=1}^{\infty} \frac{\text{CF}}{(1+r)^t} = \frac{\text{CF}}{(1+r)} + \frac{\text{CF}}{(1+r)^2} + \frac{\text{CF}}{(1+r)^3} + \cdots \tag{6.1}$$

この場合には等比数列の性質を使って，簡単に現在価値を求めることができます．具体的には両辺に $1/(1+r)$ をかけると

$$\frac{1}{1+r}\text{PV} = \frac{\text{CF}}{(1+r)^2} + \frac{\text{CF}}{(1+r)^3} + \frac{\text{CF}}{(1+r)^4} + \cdots \tag{6.2}$$

ですから，(6.1) から (6.2) を引いて整理すると，

$$\text{PV} = \frac{\text{CF}}{r}$$

となります．分子のキャッシュフローが一定ではないと，こういった単純化はできませんが，一定率 g で成長する場合には便利な公式があります．つまり上と同様にすると

$$\text{PV} = \frac{\text{CF}}{(1+r)} + \frac{\text{CF}(1+g)}{(1+r)^2} + \frac{\text{CF}(1+g)}{(1+r)^3} + \cdots \tag{6.3}$$

のときには

$$\text{PV} = \frac{\text{CF}}{r-g}$$

となります．

　　　学生：「いつも思うのですが，無限の先まで予想するというのは
　　　無理があるのではないですか？」

たしかにそうですが，でも次のように考えてあげると，1 期先の予想をするのと，じつはあまり変わらないのです．

　つまり，現在時点 $t=0$ での価値を PV_0 で表すとして，来期 $t=1$ での価値 PV_1 を予想すると

$$\text{PV}_0 = \frac{\text{CF} + \text{PV}_1}{(1+r)} \tag{6.4}$$

という関係がある．たとえば，株式を $t=0$ で買って，$t=1$ で配当 CF_1 を受け取って，PV_1 で売却したときのキャッシュフローを現在価値に戻すという関係ですね．では，PV_1 はどう予想すればよいのか．同じように考えれば

$$\text{PV}_1 = \frac{\text{CF} + \text{PV}_2}{(1+r)}$$

となるわけです．これを (6.4) に代入すれば

$$\mathrm{PV}_0 = \frac{\mathrm{CF}}{1+r} + \frac{1}{1+r}\left(\frac{\mathrm{CF}+\mathrm{PV}_2}{1+r}\right) = \frac{\mathrm{CF}}{1+r} + \frac{\mathrm{CF}}{(1+r)^2} + \frac{\mathrm{PV}_2}{(1+r)^3}$$

となりますから，これを繰り返していけば (6.1) と同じことになる．

つまり，比較的予想しやすい T 期先まで予想すると決めれば

$$\mathrm{PV}_0 = \frac{\mathrm{CF}}{1+r} + \frac{\mathrm{CF}}{(1+r)^2} + \cdots + \frac{\mathrm{CF}}{(1+r)^T} + \frac{\mathrm{PV}_T}{(1+r)^T} \tag{6.5}$$

ということになるのですが，T 期先の PV_T を予想するということは，何らかの形で $T+1$ 期以降の予想をしているにすぎないわけです．たしかにずっと先の未来のことを予想するというのは現実的ではないですが，仮に予想が立てやすい T 期先までしか予想しないとしても，そこでの PV_T を予想することが，$T+1$ 期より先の予想をしているのと同じだとすれば，式のうえでは (6.1) と (6.5) の間には大きな違いはありません．

そういった意味で言えば，(6.5) のように，たとえば $T=5$ 期先まで予想をしたからといって，予想がよくなるというわけではない．だとすれば，むしろ (6.1) とか (6.3) を使ったほうが便利なわけです．7 章では，そういった考え方に基づいて企業価値の検討を進めていきます．

> 学生：「でも，たとえばベンチャー企業とか，リストラクチャリング中の企業とか，目先の数年間に個別に注目するべきだというケースもありますよね．」

もちろんそうです．そういったときには，たとえば $T=5$ 期先までのキャッシュフローを予測して，PV_5 の予想については (6.1) を利用するといったこともできるわけです．割引率の r を年ごとに変えることだって可能です．問題はそれで予測としての精度が上がるか，ということですよね．

> 学生：「予測という点でいえば，将来キャッシュフローをぴたりと予測するという DCF 法の仮定も無理がありますよね．」

うーん，それはちょっと誤解があるかと思います．2 章の (2.4) を見て確認してほしいのですが，分子のキャッシュフロー CF はあくまでも平均的にとる

値，つまり期待値です．この章では期待値記号は省略してしまっていますが，期待値をリスクを考慮した割引率で割り引くというのがDCF法でした．つまり，さいころを投げて出る値をぴたりと予想するのではなくて，さいころの目の平均的な値

$$\frac{1}{6} \times 1 + \frac{1}{6} \times 2 + \cdots + \frac{1}{6} \times 6$$

を予想するわけです．

　基本的なことですが，この点は混乱した使われ方をすることも多くて，シナリオごとの現在価値とか，キャッシュフローに乱数を発生させて計算させるとか，結構あぶなっかしい評価手法が提案されることもあるので，注意してください．

6.3　バリュエーションの基本モデル

　では，さらにくわしくバリュエーション手法の中身を見ていきましょう．まずはじめに，(6.1) を利用する際の一般的な注意からはじめます．大原則が分母と分子の整合性です．分子のキャッシュフローに対してそのリスク特性に対応した割引率を使うことが重要です．バリュエーションの文脈では特に，分子のキャッシュフローが株主にとってのキャッシュフローなのか，それとも株主と債権者の両者にとってのキャッシュフローなのかによく注意してください．もし，分子に株主にとってのキャッシュフローを用いるのであれば，分母の割引率も株主にとっての割引率，つまり株主資本コストを用いることになります．

　このケースとしてもっとも単純なものが配当割引モデル (Dividend Discount Model, DDM) です．これは分子のキャッシュフローに1株当たり配当 (Dividend Per Share, DPS)，分母の割引率に株主資本コストを用いるものです．

$$1\text{株当たりの株式の価値} = \sum_{t=1}^{\infty} \frac{\text{DPS}_t}{(1+r)^t}, \qquad r = \text{株主資本コスト}$$

もちろん適当に予想最終期を決めて，(6.3) のような形で用いることもでき

ます．

　株主が得るキャッシュフローが究極的には配当であると考えれば，配当割引モデルの考え方は非常に直感的です．ところが実際にこのモデルを使ってみると，一般にはあまり当てはまりがよくありません．考えてみればそれも当然で，4 章で見たように，配当は会計利益に比べてもかなり平準化されている．また，配当可能なキャッシュフローとして定義した FCFE もすべてが配当されるわけではない．となると，実際に市場で観察される株価と比べるには，だいぶ調整が必要になりそうですよね．

　そこで配当に代わって，配当可能なキャッシュフローとして計算される FCFE (Free Cash Flow to Equity) を直接用いるというモデルがあります．

$$\text{FCFE} = 純利益 + 減価償却費 - 資本支出 - \Delta 運転資本 - 負債元本の返済 + 新規負債発行 \tag{6.6}$$

$$株式価値 = \sum_{t=1}^{t=\infty} \frac{\text{FCFE}}{(1+r)^t} = \frac{\text{FCFE}}{r}, \quad r = 株主資本コスト$$

分子が株主にとってのキャッシュフローですから，分母にも株主にとっての割引率を用いなければならない．分母と分子の整合性ですね．

　さらに，分子に企業全体，つまり株主と債権者にとってのキャッシュフローを用いるという方法もあります．これがもっともよく使われるモデルといってよいでしょう．このモデルでは分子に FCFF (Free Cash Flow to Firm) を用います．

$$\text{FCFF} = \text{EBIT} \times (1 - 税率) + 減価償却費 - 資本支出 - \Delta 運転資本 \tag{6.7}$$

企業価値は

$$企業価値 = \sum_{t=1}^{t=\infty} \frac{\text{FCFF}}{(1+r)^t} = \frac{\text{FCFF}}{r}, \quad r = \text{WACC}$$

となります．4 章で見たように，WACC は株主と債権者の資本コストの加重平均でしたから，その意味で分母と分子の整合性がとれているわけです．もち

ろんこの場合にも,適当な期間までのキャッシュフローを具体的に予測して,それ以降の継続価値を計算する (6.3) 式を用いることもできます.

このほかにも,会計利益をなるべく直接的に利用しようというモデルなど,いろいろな類型があるのですが,ここでは基本的な考え方を理解してもらうために,この3つのモデルを扱っていくことにしましょう.

> **学生**:「FCFE とか FCFF とか,いろいろと出てきて違いがよくわからないのですけど…」

> **学生**:「将来キャッシュフローの現在価値を求めましょうという考え方はよくわかるのですが,それがどうして FCFE とか,FCFF というものになるのでしょうか.単純にキャッシュフローの流出と流入を見ればよいのだと思うのですけど.」

> **学生**:「そうですよね.2章の説明で会計利益とキャッシュフローが一致しないということはよくわかったのですが….たとえばキャッシュフロー計算書の一番最後の行の値を (6.1) の分子にもってくれば,これが企業活動によって発生した当期のキャッシュフローだと思うのですけれど.フリーキャッシュフローというのは,キャッシュフロー計算書の項目にもないわけですし.」

そうですね.その質問については,じつはここまで先送りしてきました.これまでも FCFE や FCFF などの定義は紹介しましたけれど,実際にその中身にくわしく触れてはきませんでした.これは半ば意図的に先延ばしにしてきたのです.というのは,最初から概念的な話をするよりは,マニュアル的な処理の仕方,フリーキャッシュフローの計算の仕方から紹介したほうがとっつきやすいということが1つ.それからもう1つは,資本構成や配当など,コーポレートファイナンスについての骨格をつかんでいただいてからのほうが,フリーキャッシュフローの定義についてより理解しやすいだろうという理由です.

6.4 フリーキャッシュフロー：その 2

さて，ここでいよいよフリーキャッシュフローの定義です．じつは，この言葉はテキストごとにちょっと違ったり，もしくは同じことなのだけれども前提としている状況が少し違うために，本によって定義に差があったりします．ですから，これを定義するというのはちょっとやっかいなんです．

そこで，定義式を書き並べるのではなく，言葉にこだわるところからスタートしてみましょう．ここではまず，英語の "free" に注目してください．free というからには，何かからの制約を受けていないとか，思ったとおりになるということですよね．そこで，まず次のように定義してみましょう．フリーキャッシュフローとは

> **フリーキャッシュフロー：定義 1**
> 企業が事業活動を維持していくという前提のもとで，事業活動から得られるキャッシュフローから，事業活動を維持していくために支出されるキャッシュフローを差し引いた額．

ここでいくつか補足しておきますが，あくまでも DCF 法 (6.1) 式の分子に使うキャッシュフローとして，フリーキャッシュフローを定義しようとしていることに気をつけてください．(6.1) 式を見ればわかるように，企業は維持継続されていくものと考えられていますから，そのためには，設備の維持や更新のための支出が必要です．その支出をしたあとで「自由に」利用できるキャッシュフローということです．つまり獲得した金額から，活動を維持するために使った金額を差し引いたものですね．

最近の新聞報道ではよく「純現金収支」という訳語があてられています．上の定義 1 からすると，獲得したものから使ったものを差し引いた純額という意味は捕まえている感じですが，free という英語の語感は完全に失われていますよね．その点で，訳語としては個人的にはあまりわたしの好みではありません．

学生:「そうすると，キャッシュフロー計算書の数値を使って，営業活動によるキャッシュフローから投資活動によるキャッシュフローの差をとったものがフリーキャッシュフローと考えてよいのでしょうか.」

ええ，基本的にはそう考えてもらえば結構です．それが一番手っ取り早い定義でしょうね．ただ，正確にはちょっと違います．

学生:「何が間違っているのでしょう？あと，キャッシュフロー計算書上の，財務活動によるキャッシュフローを無視してしまってよいのでしょうか？　というのは，企業の財務状況も将来キャッシュフローの多い・少ないに影響すると思いますので，単純に無視してよいのか，疑問です.」

良い質問ですよね．もう一度わたしたちの目的を確認すると，DCF 法 (6.1) 式の分子のキャッシュフローを定義したいのです．そうすると，財務活動によるキャッシュフローをどう考えるべきなのか．先ほどのフリーキャッシュフローの定義 1 では明記されていませんでしたから，定義を付け加えます．

フリーキャッシュフロー：定義 2

企業が事業活動を維持していくという前提のもとで，当該企業が無負債であった場合を仮想的に考え，そのときに事業活動から得られるキャッシュフローから，事業活動を維持していくために支出されるキャッシュフローを差し引いた額．

新しく付け加わったのは，無負債であった場合のキャッシュフローを求めましょうというところです．この点を強調して，上で定義したフリーキャッシュフローを，無負債キャッシュフローと呼ぶこともあります．無負債キャッシュフローというのは，ちょうど無負債ベータとの対比でもわかりやすいですし，わたし個人としてはこの定義のほうが，意味が伝わりやすいために好きなのですが，一般的にはフリーキャッシュフローのほうがよく使われていますよね．

ともかく，ここでのフリーキャッシュフローの定義は，財務活動によるキャッシュフローを考慮せず，100% 株主資本として活動したときに，事業を継続するためのキャッシュフローを差し引いたあとの「自由な」キャッシュフローということになります．先ほどの定義で言うと，これが FCFF に相当することになります．これに対して FCFE は，財務活動を行ったのちの，つまり債務者に対する支払等を行ったあとで株主が自由にできるキャッシュフローということになります．

(6.6) と (6.7) のいずれの定義も単に会計利益とキャッシュフローの違いを調整しているだけでなく，事業活動を維持するための支出として資本支出が考慮されていることに気をつけてください．

> 学生：「先ほどちょっと気になったのですが，キャッシュフロー計算書の営業活動によるキャッシュフローから，投資活動によるキャッシュフローを引いただけでは，フリーキャッシュフローの定義として正確ではないということでしたが，これはどういうことなんでしょうか．」

では，もう一度キャッシュフロー計算書の形式を示します．これも国によって微妙に違いがあるのですが，日本では損益計算書上の純利益に税金を戻したところからスタートして，会計利益からキャッシュフローへの調整を行って，営業活動によるキャッシュフローが計算されます．ここで先ほどのフリーキャッシュフローの定義を思い出していただきたいのですが，DCF 法の (6.1) の分子として，仮想的に無負債であったとしたらどのようなキャッシュフローがもたらされるかを計算するのでした．ところがキャッシュフロー計算書は，現在の企業の資本構成のもとでの税金支払額を足し戻しているにすぎません．フリーキャッシュフローを計算するためには，無負債であったときの税金支払額を計算するべきです．これはちょうど FCFF の定義 (6.7) で，EBIT $\times$ (1 − 税率) としてあった部分に相当します．EBIT $\times$ 税率 というのは，負債があるときの実際の納税額ではありませんでしたよね．税金は利払い後の

利益について課金されることを思い出してください[*1].

キャッシュフロー計算書の型式

税金等調整前当期純利益
＋	減価償却費，償却費
－	売上債権・棚卸資産の増加
＋	仕入債務の増加
－	利息・配当の受取
＋	利息・配当の支払
－	法人税等の支払

営業活動によるキャッシュフロー

－	固定資産の取得による支出
＋	固定資産の売却による収入
－	投資有価証券の取得による支出
＋	投資有価証券の売却による収入

投資活動によるキャッシュフロー

＋	借入金・社債による収入
－	借入金・社債の返済
－	配当金の支払い・自己株式の取得

財務活動によるキャッシュフロー

次に投資活動によるキャッシュフローですが，ここには投資有価証券や定期預金の純増が加えられています．企業ごとに判断しなければいけませんが，こ

[*1] 概念的にはこのように単純ですが，キャッシュフロー計算書の税金支払額は，税制上の措置で還付が行われたり，繰り延べされたりしたのちの数値であるため，外部情報だけで各期の税金の動きを把握することはむずかしいのです．そのため，フリーキャッシュフローの計算のために税金を正確に把握するのは困難といえます．

れらを事業を維持するための投資といってよいのかどうか．フリーキャッシュフローの定義というか，気持ちを考慮して判断する必要があります．

> 学生：「だいぶ概念としてはわかってきたように思いますけれど，でもいったい誰が判断するのでしょうか．業態によっても違うでしょうし．」

繰り返しになりますが，投資家の視点から考えて判断しましょう．たとえば経営者が投資活動によるキャッシュフローだと考えた有価証券投資であったとしても，投資家はそうは思わないかもしれない．誰の視点かということであれば，やはり投資家ということです．

> 学生：「そうすると，フリーキャッシュフローといっても予測者によって数字が異なってくるわけですか．」

単純に過去の会計数値に (6.6) や (6.7) を当てはめるのであれば，数値は一致するわけです．ただ，実際に事業に必要な投資はどのくらいか，といった主観的な判断は，会計数値を基にして投資家が判断するものですからね．その意味では数字が異なってくるということもありうるわけです．フリーキャッシュフローというと，(6.6) や (6.7) が公式だと思っている方もいるようですが，むしろ企業価値を議論していくための概念装置であって，これに会計上の数値をあてはめれば企業価値が計算できるというようなものではないのです．

> 学生：「あと，なぜ仮想的に 100% 株主資本の場合を考えるのでしょうか．1 つのありうる方法だとは思いますが，むしろ現時点の資本構成のもとで負債の利払いを考慮したキャッシュフローを計算するほうが自然だと思うのですが．」

たしかにそうなんですが，仮想的な状況を考えたほうが便利な面もあります．まずはちょっと見方を変えてみましょう．資本構成を変えると FCFF は変化しますか？

> 学生：「もちろん変わらないですよね．仮想的な 100% 株式の状況を考えているのですから．」

そう．では割引率の WACC はどうでしょうか．

> 学生：「こちらは当然変わりますよね．定義を見ればわかりますが，株主資本 E と負債 D の比率が変わるだけですから．」

そうですね．ですから WACC を用いた DCF 式というのは，資本構成による企業価値の変化を，分母の割引率だけで表現しているのです．4 章で見たように，資本構成を変えると負債の節税効果によって企業価値が変化する．その変化を分母の WACC の変化だけで表しているわけです．それが負債コストが $k_D = \mathrm{E}[r_D](1-T)$ と定義された理由です．

> 学生：「ちょっと混乱してきました．FCFE の場合にも，仮想的な 100% 株式資本の企業を考えるのでしょうか．」

いいえ，FCFE というのは，株主にとってのフリーキャッシュフローということで，債権者に対する利払いをした後のキャッシュフローです．したがって定義からもわかるように，現状の資本構成のもとでの利払い額と税金支払を行った後のキャッシュフローです．ですから，FCFE は資本構成によって変化します．したがって，割引率 r も現状の資本構成のもとでの株主資本コストを使うのです．

> 学生：「そうすると，FCFE のほうが計算手順が多い分，やや複雑なわけですね．」

そうです．資本構成の違いによって変化してくる分，フリーキャッシュフローの計算が面倒なわけです．しかも公開情報に基づいて企業評価をする場合，財務活動，特に資金調達の方法について予測することはとてもむずかしい．ですから FCFF を使って企業価値を評価して，そこから負債価値を差し引いて株主価値を求めるという方法がよく取られるのです．

> 学生：「では，FCFE を使った評価手法はあまり使われないということですか？」

一般的な事業会社の場合には，そういう傾向はあるかもしれません．しかし，たとえば銀行などの金融機関の場合には，FCFE が用いられます．というのは，金融機関の負債は，集めてきた預金にほかなりませんので，一般事業会社の負債とは意味合いが異なるということで，FCFE を直接用いて株主価値を求めようという手法がとられるのです．

6.5 バランスシートと企業価値

学生：「キャッシュフローのほうはだいぶわかってきましたが，WACC を計算するときの負債 D と株主資本 E というのが，じつはあまりよくわかっていません．理屈はわかるのですが，実際に企業の WACC を計算するときに，バランスシート上のどの項目を負債とすればよいのか，どうもよくわからないのです．」

そうですね．では具体的な応用を念頭に置きながら，バランスシートに注目してみましょう．

流動資産	流動負債
現金・預金 (a)	支払手形・買掛金
有価証券 (b)	短期借入金 (c)
受取手形・売掛金	一年以内返済長期借入金 (d)
棚卸資産	
	固定負債
	社債・長期借入金 (e)
固定資産	退職給付引当金
有形固定資産	
無形固定資産	純資産
その他資産	資本金
投資有価証券	資本剰余金
	利益剰余金
	少数株主持分

まず最初に，負債として何を用いればよいのかという問題から考えましょう．

　　学生：「負債の部分の総計，つまり流動負債と固定負債の合計で
　　はだめですか？」

いや，普通は負債 D として $D =(c) +(d) +(e)$ とします．

　　学生：「でも，たとえば買掛金も負債ですよね．短期だから除外
　　するのですか？」

いいえ，短期という意味では，(c) や (d) も短期なわけです．それよりもむしろ，4章で見たような負債としてぴったりくるのは，どういう性質をもったものかを考えてみてください．判断基準としてはそれが投資家の資金提供によるものか，有利子負債かどうかというのが判断基準にあげられます．

　一般に買掛金は事業活動をすれば発生します．取引先は，投資家というよりはむしろ事業関係者です．もちろん，会社が倒産したときに債権者として登場してくるではないか，という見方もできますが，判断に困ったら敵対的な買収者や株式市場での投資家がどう判断するのかを基準にして考えてみてください．経営者にとって都合のよい解釈はいくらでもできます．しかし，この本，特にこの章で紹介しているバリュエーション手法の目的を思い出していただければ，経営者や評価者にとって居心地の良い数字を作るようにしても，まったく意味がありません．

　　学生：「退職給付引当金[*2]や少数株主持分[*3]はどうでしょう．負
　　債とも株主資本とも見えないのですが．」

　一般論として，退職給付引当金は負債として考えることが多いようです．通常のバランスシートとは別に，従業員の年金や将来の給付についてのバランス

[*2] 年金資産から年金負債を控除した金額で，貸借対照表の負債の部に計上され，年金債務とも呼ばれます．なお，年金資産とは企業年金制度や厚生年金基金制度で積み立てられた資産です．また年金負債とは，企業が従業員に対して将来，支給しなければならない金額を指します．

[*3] 子会社の株式のうち，親会社以外の株主が保有する部分を指します．連結貸借対照表では，純資産の部の株主資本以外の項目に記載されます．

シートがあって，その資産と負債の差額が退職給付引当金として記載されるわけです．その意味で，言ってみればこれは従業員に対する債務であると考えられるわけです．

従業員は投資家ではないから，これは有利子負債ではないと考えて，D に含める必要はないという判断もありうるでしょう．しかし，たとえば企業を買収しようという株主の立場から考えると，仮に 100% 株式を購入したとしても，退職給付が株式よりも優先するとすれば，負債と同等と考えることもできます．ちょっと歯切れの悪い答えなのですが，一般には負債として扱うことが多いのは，バリュエーションの目的が株式に対する投資であることが多いからだと思います．退職給付関連の負債については，実際の倒産時に，他の有利子負債とどちらが優先するかなど，とても微妙な面があって，個別に判例を見て判断する必要があったりして，決まった対応ができるわけではありません．

少数株主持分は，株式ではありますが，この企業の株式を 100% 取得しても支配できない部分という意味で，同様にこれも一種の負債と認識されることが多いようです．いずれの場合についても，金額が大きいときにはマニュアルどおりの対応というわけにはいかず，従業員や少数株主が将来受け取るキャッシュフローを精査して，その現在価値を評価していく必要があります．

さて，もう 1 つ注目すべき点として，現金等価物という概念を取り上げておきましょう．通常は現金等価物 =(a) +(b) と定義されます．そのうえで，総有利子負債 $D(= (c) + (d) + (e))$ から現金等価物を差し引いた部分を純負債 (net debt) と呼んだりします．M&A などの際には，企業の会社総価値あるいはエンタープライズバリュー (Enterprise Value, EV) として

$$EV = 株式時価総額 + 純負債$$

と定義することがよくあります．基本的に負債の簿価を時価と読み替えたとして，それに株価時価総額を加えたものが，会社全体の価値というわけですね．要するに 3 章以降に出てきた D と E の合計を会社価値と考え，現在の市場価格をもとに計算しようというのが基本的な考え方です．

6.6 敵対的企業買収

> 学生:「でも，現金等価物を引くのはどうしてでしょうか？ 現金ですから，保有している分だけ価値に加えるべきだと思いますが.」

そう．いよいよ余剰キャッシュフローに関係してきます．では，お馴染みの絵に戻って考えましょう．

いま仮にこの企業の株式を市場価格で100%買えたとしましょう．そうすると図6.1で E の部分に帰属する将来キャッシュフローを獲得するわけです．債権者は残りますよね．この部分を D としましょう．債権者の受け取る将来キャッシュフローにまでは，株主の手が及ばないわけです．しかし，100%株式を取得してしまえば，その会社の経営権を握ることができる．ということは？

> 学生:「現金を自由に使うことができる！」

そうですね．単純に考えれば，この現金を自分の思ったとおりに使うことができる．極端な場合，特別配当として配当してしまえば，すべて自分の懐に入ってくるわけです．言い方を変えれば，EV というのは，この企業を買い取ったらいくらになるのかを表す数値なわけです．既存の株主と債権者から株式と負債を時価ですべて買い取る．そのあとで現金をすべて自分の手に入れる．この一連の作業を終えたあとで，どのくらいの金額になるのか．これがEVの値です．

> 学生:「なるほど．だから現金を積み上げている企業は買収の標的になりやすいというわけですね.」

そうです．ただ，もう1つ強調しておきたいことは，株価に現金等価物が正確に反映されていれば，おそらく買収の標的にはならないということです．標的になるのは，現金を積み上げていて，かつそれが株価に反映されていないときです．図6.1で言えば株式時価総額が E の部分の金額である場合です．株

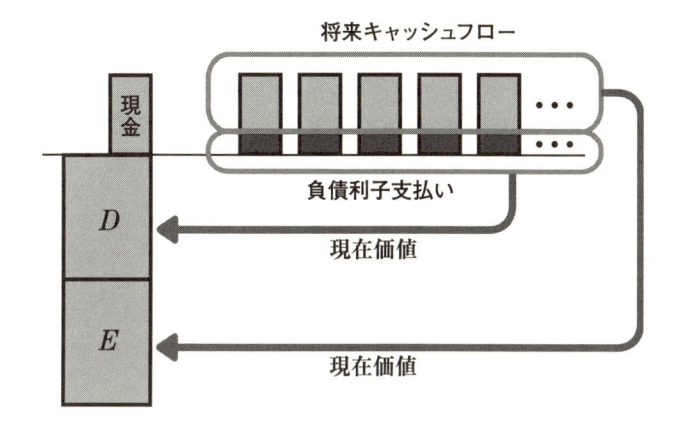

図 6.1　企業買収と将来キャッシュフロー

式時価総額が $E + \text{Cash}$ となっていれば，仮に買収したとしても何の超過利益も発生しないのです．

> 学生：「ちょっとややこしいですね．というのは，そもそも 5 章で議論したように，株価は現金を反映してしかるべきではないのですか？」

それがそうでもないのです．とても重要なポイントですよね．

買収者は企業の株を買い集めて，大株主として発言権を強めてから，たとえば配当支払を要求するわけです．一般の株主がちょっとばかりの株式を買って，株主総会に出かけていって現金を配当にまわせと騒いだところで，体よくあしらわれてしまうだけです．[*4]

つまり，大株主になって影響力をもたないと，現金はそのまま維持されて，けっして配当にまわされることはないという意味で，一般の投資家にとっては手の届かない現金なのです．会社の金庫に巨額な現金が眠っていても，それは配当されないことがわかっているとすれば，一般の株主にとってその金庫は何の意味もないわけです．金庫から現金を配当として引き出すためには，経営権

[*4] 大株主ではないのに大きな影響力をもつ方々もいるのですが，その話はここでは割愛しましょう．

という金庫の「鍵」を手に入れる，つまり大株主になる必要があるのです．

したがって，株式持合いとかで，安定株主ががっちりと大部分を確保しているようなときには，現金等価物が金庫に眠っていたとしても，それは払い出されないのですから，株価にも反映されない可能性があります．ライブドアとニッポン放送の一件が起きてからは，とても皆さんの意識が変わりました．でもその前は，結構おかしな笑い話がいろいろとありました．たとえば，大きな金額の現金を保有する企業で，外国人株主比率がいつのまにか高くなっていた．大丈夫かと問われた経営者が

> 「もちろん大丈夫ですよ．ウチは現金が潤沢にある優良企業ですから．」

と答えた，なんていう笑い話がありました．

> 学生「ですが，積み上げてきた現金は，これまでの株主が投資した資金を使って蓄えられてきた資金ですよね．それを急に株主になったような人が，俺によこせなどと言うのは，やっぱりおかしな話ではないでしょうか．」

心情的にそういうことは言えますよね．ただし，逆に言えば，会社を金庫代わりに使ってきた経営者や既存の大株主にも責任があります．さらに，それを見逃してきた株式市場の参加者にも責任があるといってよいでしょう．だからといって，特定のファンドに支払うというのも納得できないんでしょうけどね．

> 学生：「バランスシートの固定資産のところにも投資有価証券というのがありますよね．これは現金等価物には入れないのですか？もう1つ，現金や銀行預金であればたしかにリターンが生まれないというのもわかります．しかし，有価証券投資であれば，超過リターンがとれる可能性はあるのではないでしょうか．」

良い質問ですね．まず最初の点ですが，投資有価証券というのは，長期保有を前提とした保有証券です．たとえば関係子会社の株式などがこれにあたりま

す．これはたしかに売却するわけではないという意味で固定資産と考えられなくはない．ただ，長期保有目的かどうかというのが基準なので，これは会計士が認めるかどうかを別にすれば，要するに経営者の自己申告なわけです．実際にこの金額が異常なまでに大きかった企業も存在して，実際にそれが買収の標的になったりしたわけです．敵対的買収の視点からバリュエーションを語るという原則に戻ると，これは見過ごすことはできません．場合によっては現金等価物に一部繰り入れるなどの工夫が必要でしょう．

2 点目ですが，これも良いポイントですよね．有価証券からリターンは得られるのか．これはコーポレートファイナンスの基本に戻ってください．有価証券投資のハードルレートは？

> 学生：「その証券の期待リターン．あっ，そうか！ということは，有価証券投資の NPV はゼロですね．でも，運用会社はそれでも追加的なリターンが得られると主張しているように思いますが．」

たしかに運用会社であれば，規模の利益とか運用のノウハウなどがあって，もしくは，あるということにすれば，ハードルレートを越えることもできるかもしれない．しかし，それを業としない一般の事業会社は，そういったノウハウをもっていると主張しても仕方ないわけです．投資家は，有価証券投資をしたいのなら，運用会社に運用してもらえばよいわけですから．

> 学生「なるほど．余剰な現金の保有以外に標的になりやすい例はありますか？」

たとえば負債ゼロの無借金企業．これも優良企業だと思うかもしれませんが，標的になりやすい．というのは，大株主になったあとで負債の借り入れをして，最適資本構成に近づける．資本構成が最適になるのであるから，企業価値はもちろん上昇する．負債で得た現金を配当させれば，株式を買い集めた資金の一部が即座に回収できるというわけです．他にも遊休不動産などの資産をたくさんもっていて，それが株価に反映されていないような場合．大株主になってそれを売却すれば資金回収が可能になるわけです．いずれの場合も LBO(Leveraged Buy-Out)，つまり株式の買収資金を，買収者自らが借り入れ

て調達することが多いので，買収者の保有資金の何倍もの規模の買収を仕掛けることができます．買収者への貸付の実質的な担保となるのが，余剰現金や遊休不動産であったりするわけですから，かなりの大企業でも買収の標的になってしまうのです．

6.7 要約

- DCF 法では，現在価値は次の式から算出される．

$$PV = \frac{CF}{r}$$

- また一定率 g で成長する場合，現在価値は次式によって計算される．

$$PV = \frac{CF}{r-g}$$

なお，分子の CF は期待値である点に注意．

- バリュエーションでは，分母のリスクと分子のキャッシュフローの整合性を保つことが重要．分子に株主にとってのキャッシュフローを用いるのであれば，株主資本コストを使う．それに対して，株主と債権者の両者にとってのキャッシュフローを分子にもってくる場合は，WACC を用いる．

- 配当割引モデル（Dividend Discout Model, DDM）では，次式によって株式の価値を算出する．

$$1\text{株当たりの株式の価値} = \sum_{t=1}^{\infty} \frac{DPS_t}{(1+r)^t}, \quad r = \text{株主資本コスト}$$

分子である DPS は1株当たり配当（Dividend Per Share, DPS），分母の割引率には株主資本コストを用いる．

- 配当可能なキャッシュフローとして計算される FCFE を分子のキャッシュフローとして用いるモデルがある．

$$\text{株式価値} = \sum_{t=1}^{t=\infty} \frac{FCFE}{(1+r)^t} = \frac{FCFE}{r}, \quad r = \text{株主資本コスト}$$

なお，FCFE は次式から算出される．

$$\text{FCFE} = 純利益 + 減価償却費 - 資本支出 - \Delta 運転資本$$
$$- 負債元本の返済 + 新規負債発行$$

分子が株主にとってのキャッシュフローであるから，分母にも株主にとっての割引率を用いる．

- 分子に企業全体，つまり株主と債権者にとってのキャッシュフローを用いるバリュエーション・モデルでは，分子に FCFF (Free Cash Flow to Firm) を用いる．

$$\text{FCFF} = \text{EBIT} \times (1 - 税率) + 減価償却費 - 資本支出 - \Delta 運転資本$$

企業価値は

$$企業価値 = \sum_{t=1}^{t=\infty} \frac{\text{FCFF}}{(1+r)^t} = \frac{\text{FCFF}}{r}, \qquad r = \text{WACC}$$

となる．

- フリーキャッシュフロー (FCFF) とは，企業が事業活動を維持していくという前提のもとで，当該企業が無負債であった場合を仮想的に考え，そのときに事業活動から得られるキャッシュフローから，事業活動を維持していくために支出されるキャッシュフローを差し引いた額．つまり，財務活動によるキャッシュフローを考慮せず，100% 株主資本として活動したときに，事業を継続するために必要なキャッシュフローを差し引いたあとの自由なキャッシュフローのこと．
- これに対して，FCFE は財務活動を行った後の，つまり債務者に対する支払などを行った後で株主が自由にできるキャッシュフロー．
- フリーキャッシュフローの定義では，単に会計利益とキャッシュフローの違いを調整しているだけではなく，事業活動を維持するための支出として資本支出が考慮されている点に注意．
- バリュエーションでは，貸借対照表に計上されているすべての負債を負債として扱うのではなく，基本的に有利子負債だけを負債として扱う．

- 会社総価値あるいはエンタープライズバリュー (Enterprese Value, EV) とは，既存の株主と債権者から株式と負債を時価で買い取った場合，価値はいくらになるかを示したもの．この場合，会社総価値を次のように定義できる．

$$EV = 株式時価総額 + 純負債$$

ここで純負債とは，総有利子負債から現金等価物を控除したもので，現金等価物とは現金・預金と有価証券を加えたものとして定義される．

Introduction to Corporate Finance

第 7 章

資産価格の相対評価

7.1 倍率法による相対評価

学生:「前章では企業価値についての理論を勉強したのですが，実務では倍率法がよく使われますよね．DCF法はやっぱり手間がかかりますし，そのわりに実際の株価とはずいぶんかけ離れた数字が出てきたりしますので．」

学生:「そうなんですよね．もちろん，DCF法での予測シートを用意しておくと，企業の業績予想が変わったときの分析などに，とても便利ではあるのですが．PERとかPBRとか，倍率だけで割高とか割安とか結論を出してしまってよいのかなと思いながら，やはり倍率比較だけで議論がすんでしまうことが多いですよね．」

たしかにコーポレートファイナンスを学校で勉強すると，DCF法にかなりの時間を割くのに，実務ではほとんど使わないという話はよく聞きますよね．ここまでの章で議論してきたコーポレートファイナンスの基礎的な考え方を学ぶためには，DCF法の考え方が不可欠で，どうしてもそちらを強調する傾向があるのは事実です．ところが，先ほど指摘があったように，実務では倍率法と呼ばれる価格の相対評価だけで議論をすましてしまう局面が多いようです．そこでこの章では，倍率法の概要を紹介しながら，これまで勉強してきたコーポレートファイナンスの基本との関係，特にDCF法との関係について考えていきましょう．

倍率法とDCF法をまったく無関係のものと考える，もしくは関係づけようとしないことが多いのですが，1つ強調しておきたいのは，じつはちょっと見方を変えるだけで，両者に密接な関係が出てくることです．しかもそれは非常に単純な操作で行われます．倍率法はたしかに便利で，実際に雄弁な方法ですが，ちょっと理論的な背景を考えてみるだけで，結果の解釈がとても鮮明になります．この章ではそのへんをご紹介できればと思っています．

さて，倍率法というのは，基本的に市場価格の相対比較と考えてよいでしょう．つまり，類似の資産の市場価格を比較することによって，相対的にどちら

が安いかを判断したりするものです．しかし株価で言えば，その1株当たりの株価を比較してもあまり意味はない．発行済株式数によって1株当たりの価格はいくらでも変わってきますからね．そこで，何らかの基準化をする必要があります．絵画の値段でいえば，特定の作者の作品はだいたい1号いくら，という値段の付け方がされます．それと同じような意味で，何らかの基準1単位当たりいくらか，と考えるわけです．どのような変数で基準化するかによって，株価収益率 (Price Earnings Ratio, PER) とか，株価純資産倍率 (Price Book-value Ratio, PBR) とかになるわけです．

実務でこういった指標がよく使われるのは，これはある意味，当然なわけですよね．というのは，実務上の取引では，多くの局面で現在の市場価格が決定的に重要なわけです．今日，株式を買おうとしたらいくらなのか，またいくらで売れるのか．その値段を知りたいわけです．倍率法で使われる指標は，現時点での基準化された価格にほかならないわけですから，これが多用されるのは当然といえば当然です．

> 学生：「たしかにそうですが，そうするとDCF法というのはいったい何だったのでしょうか．市場価格と，それを基準化した倍率法で十分ということになってしまいませんか？」

現時点での価格が重要だとしても，ではその価格はどう決まったのか，現時点での市場価格は本当に適正な価格なのだろうか，といった疑問が出てきますよね．市場価格が仮に「正解」であったとしても，それはいったいどういう意味で正解なのかを知っておきたいですよね．DCF法というのは，その理論的な枠組みを提供していると考えてみたらどうでしょうか．ですから，両者をうまく使いこなせば，倍率法によって現時点の価格水準の様子を把握することもできますし，それがいったいどういう性格をもっているのかをDCF法によって分析できるということです．

7.2 倍率法の基本—PER を例に

倍率法は先ほど説明したとおり，株価とか企業価値とかを何らかの値で基準化したものです．具体的な例を見ながら議論したほうがわかりやすいでしょうから，もっとも基本的な変数である PER を使いながら，説明してゆきましょう．

まずはその準備として，株価がどう決まるのかという理論的なモデルを用意しておきます．ここでは配当割引モデルを考えておきましょう．すでに定義したように，配当割引モデルは1株当たり配当（DPS）が成長率 g で成長し，割引率が r であるとすると

$$P_0 = \sum_{t=1}^{\infty} \frac{\mathrm{DPS}_0(1+g)^t}{(1+r)^t} = \frac{\mathrm{DPS}_1}{r-g}$$

となりました．PER というのは1株当たりの株価 P_0 を，1株当たり利益 EPS_0 で基準化したものです．したがって配当性向 ($\mathrm{DPS}_0/\mathrm{EPS}_0$) を一定とすると

$$\mathrm{PER} = \frac{P_0}{\mathrm{EPS}_0} = \frac{\mathrm{DPS}_1}{\mathrm{EPS}_0} \times \frac{1}{r-g} = (\text{配当性向}) \times \frac{1+g}{r-g} \tag{7.1}$$

となります．つまり PER が大きくなるのは

1. 資本コスト r が小さい
2. 成長率 g が高い
3. 配当性向 (DPS/EPS) が大きい

ということになります[*1]．

これを前提にして考えると，非常に似た事業を営んでいる A 社と B 社の PER を比較してみたら，A 社のほうが大きかったとしましょう．基準化した価格において，B 社のほうが割安に評価されているということはできますが，

[*1] 成長率については，$(1+g)/(r-g)$ の項のため，必ずしもつねに成立するわけではありませんが，通常の割引率と成長率の値の範囲であれば，ほぼ 2. の主張は成立すると考えてよいでしょう．

DCF 法の枠組みを利用して考えることによって，なぜ B 社のほうが割安で評価されているのかを考えることができます．具体的にはおそらく A 社のほうがリスクが小さいか，成長率が大きいか，配当性向が大きいのだろうと考えることができます．

> 学生：「なるほど，単純ですが便利ですね．わたしは会社の先輩に，PER が 10 倍ということは，株価に 10 年分の利益がのっているということだ，と言われて納得していましたが，どうも間違って理解していたようです．」

まあ，利益 10 年分の水準で株式が取引されているということですから，別に間違っているわけではありません．でも，単に利益額で基準化して 10 年分というだけではなくて，このようにきちんとしたモデルからの解釈ができるということを知っていると，数値に意味が出てきますからね．

> 学生：「わたしは，PER は株式益回りの逆数だと理解してきました．これは間違ってませんよね．」

もちろん，間違いではありませんよ．株式を今期 P_t で買ったとして，次の式を考えます．

$$\frac{P_{t+1} + \text{EPS}}{P_t}$$

この式は株式リターンに関係する数値ですから，株式益回り EPS/P_t はリターン指標と考えることができますよね．

このように PER は倍率法を説明していくうえで，とても扱いやすい例ですので，ここではこれを使いながら倍率法を利用するときの，一般的な注意点を見ておきましょう．まず重要なのが，分母と分子の一貫性です．これは DCF 法のときにも強調しましたが，ここでも重要です．PER の場合，1 株当たりの株価を，1 株当たりの利益で基準化するわけです．ここの利益は分子の株価にあわせて，株主に対する利益である純利益を使えばよいわけです．ここに営業利益などをもってきてしまうと，分母と分子の整合性がとれていないことになります．まあ，相対比較ということで，どの変数で基準化するかにはこだわら

ないことにすれば,あまり心配する必要はないように思うかもしれません.しかし,やはり数値自体に意味があったほうがよいですよね.ですから,利益としてEBITを分母にもってくるのなら,分子には企業全体の価値ということでエンタープライズバリューをもってくるといった一貫性があるほうがよいでしょう.

倍率法を使うときの注意の2点目ですが,利用する数値の定義を統一することです.特に会計数値の定義やその集計の仕方については注意を払うようにしましょう.たとえば,一言でPERといっても,分子の株価に,今日の株価をもってくるのか,過去数ヶ月の平均をもってくるのかによって,当然PERの値は変わってきます.分母の利益にしても,直近の利益を使うのか,過去数年の利益の平均を使うのか,または将来予測値を使うのか.倍率法は単なる基準化だから何でもよいと割り切るにしても,各企業の倍率の数値を計算するときには,同じルールで計算した数値を使わないといけませんよね.

そんなの当たり前じゃないかと思うかもしれませんが,誰か他の人が計算したデータを利用するときには注意が必要です.たとえば,1部上場企業のPERの平均も,平均の計算に赤字企業のデータを含むかどうかによって,ずいぶんと違ってきます.赤字企業をどう扱うかというルールは,データ分析をした人によって違うかもしれません.出来合いのデータを利用するときには,どういうルールで集計したかによく注意する必要があります.

> 学生:「それはよくわかるのですが,たとえば分母に来期のEPS予想をもってくるだけでも,DCF法的な意味づけはできなくなってしまいますよね.」

場合によりますが,できないことではありません.たとえば (7.1) に戻って考えると,来期のEPSを入れて計算したということは

$$\frac{P_0}{\text{EPS}_1} = \frac{P_0}{\text{EPS}_0} \times \frac{\text{EPS}_0}{\text{EPS}_1} = \text{PER} \times \frac{\text{EPS}_0}{\text{EPS}_1}$$

となります.たとえば,(7.1) の定義でのPERがまったく同じ会社が2つあったとして,両者の P_0/EPS_1 を計算したらずいぶんと違っていたとしましょう.では,この違いはどこからきたのか.あくまでも上の理論モデルに基づい

て考えればということですが，この違いは EPS_0/EPS_1 の違いよるわけです．極端な言い方をすれば，P_0/EPS_1 を計算する必要はなくて，(7.1) の PER と EPS_0/EPS_1 を計算すればそれで十分であって，逆に「来期の EPS を使った PER」という新しい定義を作り出すことによって，かえって混乱が発生することにもなりかねません．倍率法は単なる基準化だと割り切ってしまえば，それこそいろいろな倍率を定義できるのですが，はたしてそれはどれくらい追加的な情報を生み出すのでしょうか．(7.1) のような理論的裏づけをもとに積み上げていくほうが建設的かな，と個人的には考えています．

　倍率法を利用するときの注意，その 3 です．倍率を比較してその大小を議論するのですから，比較の対象はあくまでも類似した企業であるほうがよい．つまり (7.1) で言えば，PER を比較するのであれば r と g，それから配当性向の性質がだいたい似ている企業を比較したほうが，分析の意味づけはしやすいはずです．特徴が大きく異なる企業を比較したところで，PER の違いがリスク r による違いなのか，成長率 g による違いなのか，わからなくなってしまいますから．逆に言えば，PER が同じ会社でも，r と g の組合せは全然違うかもしれません．そうだとすると，PER の比較自体にあまり意味が見いだせないかもしれません．

7.3　その他の倍率 —— PSR, EBIT 倍率，PBR など

　これまでの議論を前提にしながら，よく使われる倍率をいくつか見ていくことにしましょう．まずは株価売上高倍率（Price to Sales Ratio, PSR）から始めましょう．PSR は

$$\text{PSR} = \frac{\text{株価時価総額}}{\text{売上高}}$$

と定義されます．これは分母と分子の整合性という観点からは，あまりよろしくありません．売上は，株主だけではなく企業全体にかかわる指標ですから，その意味では

$$\text{EV to Sales Ratio} = \frac{\text{エンタープライズバリュー}}{\text{売上高}}$$

という指標のほうがよいでしょう．

しかしPSRにも意味がないわけではなくて，(7.1) を前提に考えてみると

$$P_0 = \frac{\mathrm{DPS}_1}{r-g}$$
$$= \frac{\mathrm{EPS}_0 \times 配当性向 \times (1+g)}{r-g}$$
$$= \frac{(売上高_0 \times マージン) \times 配当性向 \times (1+g)}{r-g}$$
$$= (売上高_0 \times マージン) \times \mathrm{PER}$$

となります．ですから2つの会社のPERが同じであるのに，PSRは異なるとすれば，それは両社のネットプロフィットマージン ($\mathrm{EPS}_0/売上高_0$) が異なるということに過ぎません．実際の分析では，適当に企業を2つ選んで比べればPERも違うでしょうし，PSRも違うでしょう．だから，データのうえではにわかに結論を出せないように思うかもしれませんが，理論的に考えてあげれば何も複雑なことはないわけです．

よく，赤字企業のときには，PERが負だから意味づけがむずかしいため，PSRを用いると便利だとされることがあります．売上高は負にはなりませんからね．でもこれは，ネットプロフィットマージンとPERの両方が負のために打ち消しあって，PSRが正になっているだけのことです．理論的に考えておくことの重要性はこんなところにも出てきます．

次にEBIT関連の倍率を見ていきましょう．純利益が赤字でも，EBITは正の値をとることが多いので，ベンチャー企業の倍率評価に使われることが多いようです．また，企業全体のキャッシュフロー，つまりFCFFの代理変数と考えることができるため，資本構成の影響を考慮した企業価値評価の分析ができるわけです．

基準化に用いられる分母の変数は，EBIT，EBIT(1 − 税率)，EBITDA [*2]などが用いられることが多いようです．これらはそれぞれ企業全体に対応するキャッシュフローを近似するものということで，分子にはエンタープライズバリューが用いられます．EBITは企業全体の会計利益，EBIT(1 − 税率)は企業

[*2] EBITDA (Earnigs before Interest, Taxes, Depreciation and Amortization) とは，支払利息・税金・減価償却費・のれんの償却費を控除する前の利益のことを指します．

が無負債であったときの税引後利益，EBITDA は減価償却費と償却費というキャッシュフローを伴わないものを足し戻したものですから，いずれも FCFF の近似と考えてあげることにすれば，これらは FCFF による企業評価モデル

$$\text{企業価値} = V_0 = \frac{\text{FCFF}_1}{r_c - g}, \qquad r_c \text{ は総資本コスト} \tag{7.2}$$

と対応させることができます．したがって，これらの倍率は

$$\frac{V_0}{\text{FCFF}_1} = \frac{1}{r_c - g}$$

の近似であると考えることができるので，これらの倍率が大きいということは，企業全体の資本コストが小さいという意味でリスクが小さいか，または FCFF の成長率 g が大きいか，またはその両方ということになります．

ただし厳密に考えてゆくと，それぞれの変数と (7.2) との整合性には問題があります．具体的には，たとえば，EBITDA は減価償却費といった事業維持のための費用が足し戻されてしまうのですから，企業の継続性を仮定している (7.2) とは相容れないかもしれません．EBIT や EBIT(1 − 税率) の場合には，事業の継続性は保たれるかもしれませんが，現在の減価償却費の水準で成長を実現できるのかどうかという疑問が残ります．

フロー変数ではなくて，ストック変数で基準化する倍率として株価純資産倍率（Price Book-value Ratio, PBR）があります．純資産簿価 BV_0 は，総資産から負債を差し引いた値ですので，PER と同様に配当割引きモデルを前提にすると

$$\text{PBR} = \frac{P_0}{BV_0} = \frac{\text{EPS}_0}{BV_0} \times \frac{P_0}{\text{EPS}_0} = \text{ROE} \times \text{PER} = \frac{\text{ROE} \times \text{配当性向} \times (1+g)}{r - g}$$

となります．ここで，ROE は株主資本利益率 EPS_0/BV_0 です．したがって A 社と B 社の PER が同じであるのに PBR が異なるとすると，それは単に ROE の違いを明らかにしているにすぎないのです．

> 学生：「PBR が 1 よりも小さくなると，株価が解散価値を下回ったと言われますよね．ですから，単に ROE という資本効率性だけを見ている指標とは思えませんが．」

純資産簿価は，資産をすべて売却して負債を返済してしまったときに株主に残される部分と解釈することがよくあります．ですから，株価がそれを下回るということは，株式市場がその企業を解散価値を下回る水準で評価しているということになるわけです．

こういう説明はよく耳にするのですが，ちょっと不自然です．というのは，まず実際に企業が解散したときの価値は BV_0 となるのだろうか，という問題があります．実際の倒産事例を見れば明らかですが，清算価値として BV_0 が確保できる場合はないでしょう．逆に BV_0 が確保できるのだとすると，PBR が1より小さいときに，株主はなぜ企業を清算しないのだろうかという問題が出てきます．

投下した資産と，企業価値との比較をするためには，時価で測ったものを利用するほうがよいかもしれません．よく使われるトービンの Q は，

$$\text{Tobin's Q} = \frac{\text{負債総額 (時価)} + \text{株式時価総額}}{\text{資産総額（時価）}}$$

と定義されます．これは時価の負債と株主資本の合計を，総資産の時価，つまり売却して買い戻したときの市場価格で基準化したものです．また実際には，資産の取換価値や負債の時価を正確に知ることは不可能なわけですから，実際の応用にはむずかしい面が残るのは事実です．

そのほかにもさまざまな倍率が用いられます．特に特定の業種の株式価格が高騰しているような場合には，通常よく用いられる倍率だとどうしても説明のつかない株価がついたりすることがあります．そういうときには，いろいろな倍率が用いられます．たとえば，90 年代後半の IT バブル期には，株価をホームページのヒット数であるとか，契約会員の数で基準化したりするような倍率が用いられたこともありました．さすがにちょっと特殊な感じはしますが，当時は新興 IT 企業の多くが赤字で，場合によっては売上もゼロだったりする状況でしたから，こういった指標も用いられたのです．こういった指標については，さすがに理論的な裏づけを与えることはむずかしくなります．特定の事業，特定の期間についてこういった指標が用いられるということを考えても，そのときにその業種だけが過剰に評価されていた可能性を示していた証拠と考えることもできるでしょう．

7.4 PEG ratio

学生「最近よく PEG ratio というのを耳にしますが,これはいったい何でしょうか？」

わたしも最初に聞いたときには何だかわからなかったのですが,実際に使ってみるとそれなりに機能したりする変数ですよね.しかし,じつはこれも理論モデルと組み合わせるとそれなりにうまく説明できます.理論モデルを使って考えてみることの重要性をお見せするために,少しくわしく見てみましょう.

まず定義ですが

$$\text{PEG ratio} = \frac{\text{PER}}{\text{利益の期待成長率}}$$

となります.期待成長率としては,5年間の（評価者の予想する）成長率などが使われることが多いようです.たとえば,PER が 20 倍,予想成長率が $g = 10\%$ であれば,PEG ratio は $20/10 = 2$ となります.基本的には PEG ratio が小さいと,相対的に割安評価であると考えられています.20 倍を 10% で割るというあたりが,どうにもびっくりしますよね.こうなってくるとほとんど意味づけはむずかしそうに見えるかもしれません.

そこで,まずは倍率を使った実務での分析で,よく行われる手法を1つ指摘しておきます.それは倍率を何らかの変数に回帰するという方法です.特に成長率について回帰されることが多いですよね.つまり倍率と変数との間に線形の関係を仮定して,何らかの関係性を見いだそうというのです.ここでの例では,図 7.1 のように,横軸に成長率 g をとり,縦軸に PER をとる.そしてそれらの間に線形の関係を想定してみるのです.つまり,

$$\text{PER} = a + bg$$

という式を想定します.

学生：「でも理論的には (7.1) で見たような関係ですから,直線の関係があるとは思えないのですが.」

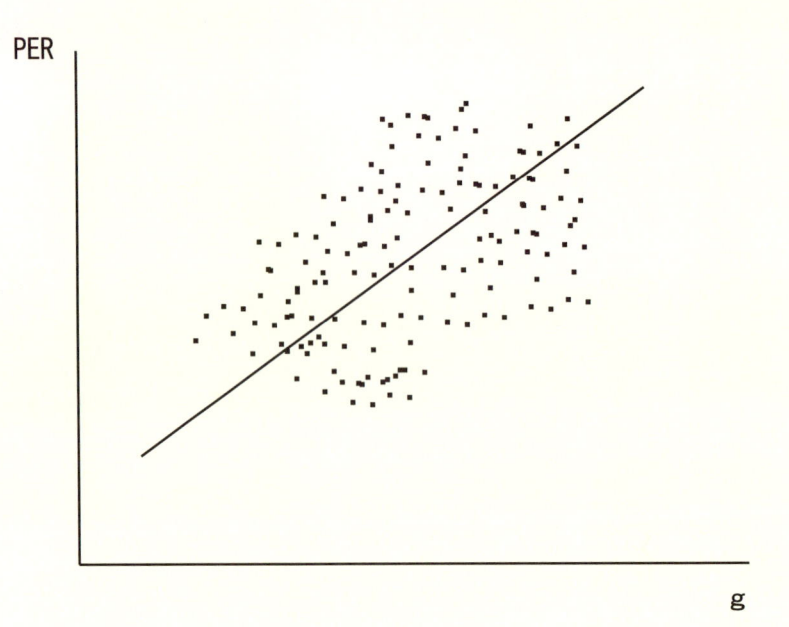

図 7.1 PER と成長性

するどいですね．そのとおりでして，ここまでの説明からすると，PER と g の間にはもう少し複雑な非線形の関係が出てきます．でも，じつは少しモデルを変えてあげると，それなりに線形関係でうまくいく場合がでてきます．

まず，PEG ratio がよく使われる背景として，PER と成長率との関係を見ておきたいという問題意識があるわけです．そうすると，もう 1 つ重要な問題意識として，成長がどのくらいつづくのかということが出てきますよね．これを見るためにはどうすればよいでしょうか．

学生：「T 期先まで予想して，T 期以前とそれ以降とで成長率を変えてみる．」

そうでしたよね．簡単化のために，T 期までの成長率を g，それ以降はゼロ成長として配当割引モデルを考えましょう．

$$P_0/E_0 = \sum_{t=1}^{T} \frac{配当性向 \times (1+g)^t}{(1+r)^t} + \frac{1}{(1+r)^T} \times \frac{配当性向 \times (1+g)^T}{r}$$

表 7.1 倍率を決定する変数

倍 率	倍率を決定する変数
PER	成長率,配当性向,リスク
PBR	成長率,配当性向,リスク,ROE
PSR	成長率,配当性向,リスク,売上高純利益率
企業価値/EBIT 企業価値/EBIT (1 − 税率) 企業価値/EBITDA	成長率,純設備投資ニーズ,レバレッジ,リスク
企業価値/売上高	成長率,純設備投資ニーズ,レバレッジ,リスク,売上高営業利益率
企業価値/純資産簿価	成長率,レバレッジ,リスク,ROE

つまり PER は,$a + bg + cg^2 + \cdots$ というかたちに書けることがわかります.こう書くと PER と g との関係はもっとわかりやすくなりますよね.仮に $g^2, g^3, \ldots, g^T$ の項が小さくて無視できるのだとすれば,PER$= a + bg$ という関係もそれなりに意味が出てくる.特に $T = 1$ 期先までしか成長しないと予測すると

$$a = b = \frac{配当性向}{(1+r)} + \frac{1}{1+r} \times \frac{配当性向}{r}$$

となって,PER と g は線形関係になります.そうすると,$1 + g$ で割るか,g で割るかという違いはありますが,基本的には同じことですから,PEG ratio というのは基本的に上の $a(= b)$ の値を比較しているにすぎない.これが小さいときには,成長率のわりに価格が低いですね,ということで割安と評価されるわけです.

以上の話はそれほど複雑なものではないですが,少なくとも PEG ratio がどういう状況でうまくいくのか,だいたい予想がついてきますよね.これなども,理論モデルを念頭において考えないと,なかなか予想できません.理論モデルを念頭におくことの重要性を示す好例だと思います.

最後にまとめとして,倍率の意味合いについて,配当割引モデルを前提にすることによってわかってくる性質を,表にしておきます.

7.5 データ編：日本企業のバリュエーション

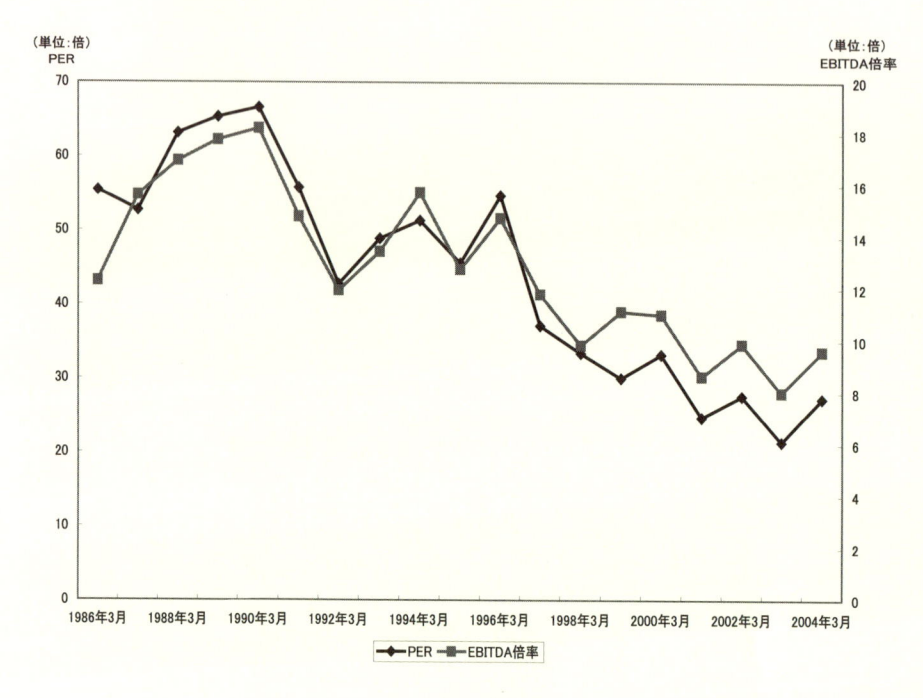

図 7.2 日本企業の PER と EBITDA 倍率：1986 年–2004 年

ここでは，日本企業の PER, EBITDA 倍率，PBR, PSR について見てみましょう．図 7.2 と図 7.3 はこれらの倍率の推移を示しています．サンプルは，1986 年 3 月期から 2004 年 3 月期の 3 月決算の東京証券取引所第 1 部上場企業です[*3]．分析した財務数値は連結財務諸表のデータを用い，株式時価総額は 3 月末の値です．

図 7.2 は PER と EBITDA 倍率を，また図 7.3 は PBR と PSR の時系列推移を示しています．PER は 1990 年 3 月期では約 70 倍でしたが，その後低下傾向にあります．2004 年 3 月期の PER は 27 倍となっています．EBITDA

[*3] 外れ値の影響を排除するために，株主資本がマイナスの企業と，各指標について上下 1% に含まれる企業はサンプルから除外しています．

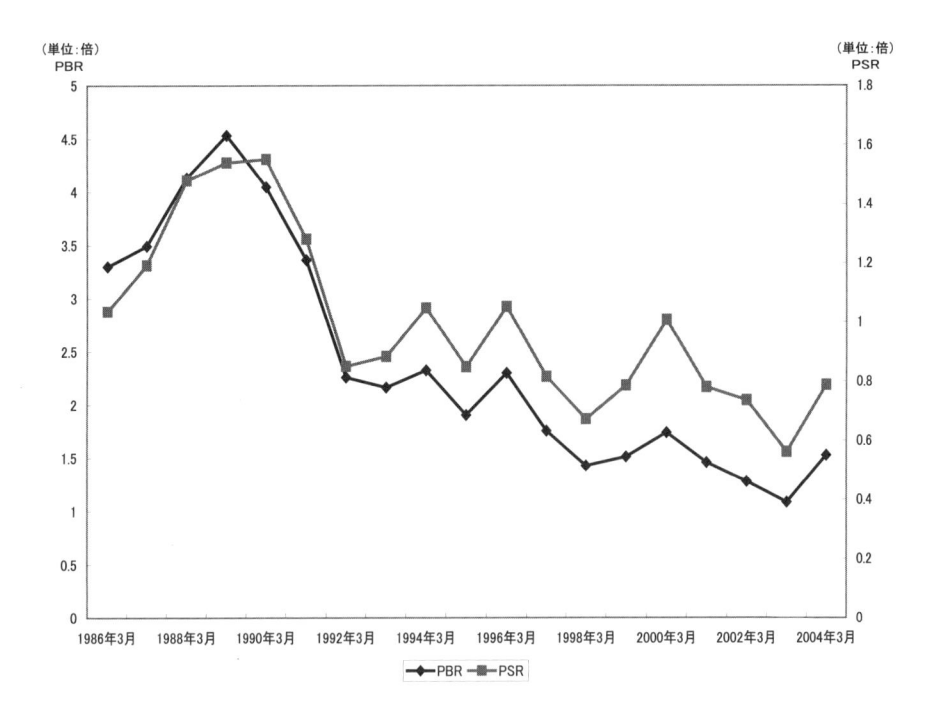

図 7.3 日本企業の PBR と PSR：1986 年–2004 年

倍率も 90 年 3 月期に 18.21 倍を記録した後，低下しており，2004 年 3 月では 9.60 倍です．

図 7.3 から，PBR と PSR も長期的に低下していることがわかります．PBR は 89 年 3 月期に 4.53 倍を記録しましたが，その後低下しており，2004 年 3 月期では 1.53 倍です．また PSR は 90 年 3 月期には 1.55 倍でしたが，やはりその後低下し，2003 年 3 月期には 0.56 倍になっています．

こうした倍率の低下は，株価下落による影響が大きいのはいうまでもありません．もちろん，この間，日本企業の資本コストや成長率，配当性向などについても変化していることが予測されますが，それらについては必ずしも十分に観察できていません．個別企業のこうした変化を分析するためには，各企業の倍率を算出したうえで，その背後で配当性向などがどのように変化しているかを明らかにする必要があります．

7.6　ケース編：倍率法によるバリュエーション

では，本章で学習した倍率法によるバリュエーションを行ってみましょう*4．具体的には，ソトーをケース・スタディの対象にします．みなさんもご存じのように，ソトーは米国系の投資ファンド，スティール・パートナーズによる株式公開買い付け（Take Over Bid，TOB）の対象となりました．では，なぜソトーはTOBの対象となったのでしょうか．スティール・パートナーズがTOBを発表したのは2003年12月ですので，2003年3月期の財務データや株価を見て考えてください．最初に倍率法による分析を行ったあとで，なぜソトーがTOBの対象となったのかということを考えることにします．

では，まずPBRとPERを計算してください．株価は2003年3月末のデータを使ってください．

> **学生**：「1株当たり利益が31.6円（479百万円÷15,173千株）で，1株当たり純資産額が1588.8円（24,075百万円÷15,173千株）ですので，PERが22.3倍（705円÷31.6円）で，PBRが0.44倍（705円÷1588.8円）です．」

> **学生**：「わたしの計算結果も同じです．この数字を見ると，PERは2003年3月期における日本企業の平均的な値と大きく変わらないのですが，PBRが低すぎると思います．PBRが低いから，TOBの対象になったのでしょうか．」

PERは平均的な値なのに対して，PBRが低いという指摘は正しいですね．TOBの対象になった理由を考えるために，配当割引モデルを使って考えてみましょう．配当割引モデルは，次式によって株価が決定されるという理論モデルでしたね．

$$P_0 = \sum_{t=1}^{\infty} \frac{\mathrm{DPS}_0 (1+g)^t}{(1+r)^t} = \frac{\mathrm{DPS}_1}{r-g}$$

---

*4 この節はクラスでの討論と授業内容の理解のために執筆されたもので，特定の事業における意思決定の適否を例示しようとするものではありません．

表 7.2 株価データ

株価 (2003 年 3 月末)	705 円
配当 (2003 年 3 月)	13 円
発行済み株式総数	15,173 千株
ベータ	0.51
安全資産利子率	1.5%
マーケットリスクプレミアム	4.5%

表 7.3 連結貸借対照表：2003 年 3 月期 (単位：百万円)

科　目	金　額	科　目	金　額
流動資産	6,356	流動負債	1,083
現金および預金	892	買掛金	207
受取手形および売掛金	1,682	短期借入金	0
有価証券	3,120	その他	875
棚卸資産	197	固定負債	5,068
繰延税資産	203	社債・長期借入金	0
固定資産	25,121	繰延税負債	224
有形固定資産	4,794	負債合計	6,151
建物および構築物	3,850	少数株主持分	1,250
土地	912	資本金	3,124
無形固定資産	7	資本剰余金	2,744
投資その他の資産	20,318	利益剰余金	17,630
投資有価証券	19,026	資本合計	24,075
資産合計	31,477	負債，資本合計	31,477

DPS は 1 株当たり配当で，g は成長率，r は割引率ですね．この割引配当モデルによって，理論株価を計算しましょう．株価を計算しているのですから，割引率の r は株主資本コストである点に注意してください．つまり，分子と分母の整合性を保つ必要があるということを思い出してください．

学生：「株主資本コストは，安全資産のリターンと，リスクプレミアムにベータを乗じたものとを加えたものですから，3.8% で

表 7.4 連結損益計算書：2003 年 3 月期 (単位：百万円)

科　目	金　額
売上高	9,466
売上原価	7,837
売上総利益	1,629
販売費および一般管理費	640
営業利益	988
営業外収益	389
受取利息	313
受取配当金	28
その他	47
営業外費用	88
利子利息	1
その他	89
経常利益	1,290
特別利益	993
特別損失	1,408
税金等調整前当期純利益	874
法人税, 住民税および事業税	223
法人税等調整額	160
少数株主利益	10
当期純利益	479

す．つまり，割引率 r は 3.8% ですね．」

そうですね．では，成長率はどうなりますか．

　　学生：「ソトーの売上高は減少傾向にあり，連結売上高は 94 年 3 月期から 2003 年 3 月期にかけて約半減しています．したがって，成長率 g は 0% あるいはマイナスになるのでしょうか．」[*5]

[*5] 94 年 3 月期の連結売上高は，165 億 6,100 万円です．

たしかにソトーの売上高の成長率はマイナスですが，あくまでも g は DPS の成長率です．したがって，DPS の成長率を計算する必要があります．ここでは，過去 10 年間の DPS の成長率の算術平均 1.8% を使ってください．[*6]

学生：「配当割引モデルによるソトーの株価は

$$P_0 = \sum_{t=1}^{\infty} \frac{13 \times (1+0.018)^t}{(1+0.038)^t} = \frac{13 \times 1.018}{0.038 - 0.018} = 662$$

です．」

学生：「2003 年 3 月末の株価 705 円に近い水準ですね．」

ソトーの 2002 年 4 月から 2003 年 3 月末の株価の平均値を計算すると，670 円になります．つまり，ソトーの実際の株価は，配当割引モデルによって計算される理論的な株価と近い水準にあったということがわかります．

配当割引モデルによって実際の株価を説明できるということは，PER を配当性向，資本コスト r，成長率 g によって説明しやすいということを意味します．つまり

$$\text{PER} = \frac{P_0}{\text{EPS}_0} = \frac{\text{DPS}_1}{\text{EPS}_0} \times \frac{1}{r-g} = (配当性向) \times \frac{1+g}{r-g}$$

という式によって，PER を説明できるということです．

学生：「配当性向は 41% (13 (DPS) ÷ 31.6 (EPS)) なので，理論的な PER は

$$\text{PER} = (配当性向) \times \frac{1+g}{r-g} = 0.41 \times \frac{1+0.0.18}{0.038 - 0.018} = 21.20$$

となります．」

学生：「PBR は PER に ROE をかけたものでしたから，ソトーの場合，実際の PBR も配当性向や成長率，リスク，ROE によって説明できるということですね．」

[*6] 94 年 3 月期の 1 株当たり利益は，11 円です．

そうです．ここまでの議論のポイントは，ソトーの株価は配当割引モデルによって説明できるような水準だったという点です．

> 学生：「たしかにそうですが，株主資本コストを算出するときに利用したベータの0.55という値は低すぎるのではないでしょうか．事実，2章ではソトーの属している繊維業界のベータの平均値は1.07でした．」

たしかに，ベータが0.55というのは低い水準ですね．しかし，スティール・パートナーズによるTOBが行われるまで，ソトーの株式はほとんど市場で取引されておらず，また株価変動も小さかったという事実があります．0.55というベータの値は過去の株価データから算出しているので，ベータについては0.55を用いましょう．

では，なぜソトーはTOBの対象になったのかという点に議論を移しましょう．配当割引モデルによる理論株価と実際の株価は近い水準にあることが確認されましたが，仮に2003年3月末の実際の株価で，ソトーの株式を100％買収することができるとしましょう．この場合，買収に必要な金額はいくらになりますか．

> 学生：「株式時価総額ですから，106億9,700万円（670円×15,173千株）ですね．」

そうです．では，仮にこの金額でソトーを完全に買収することができたとしましょう．そのうえで，投資ファンドのファンドマネジャーならどうやって利益を得るか，財務諸表を分析して考えてみてください．

> 学生：「有価証券，投資有価証券を売却したうえで，余剰キャッシュを配当として分配します．」

> 学生：「貸借対照表の有価証券は短期保有目的ですから，売却しても事業を継続するのに支障はないと思います．しかし投資有価証券は事業上の関係がある企業の株式など長期保有目的の

表 7.5　連結キャッシュ・フロー計算書：2003年3月期（単位：百万円）

区　分	金　額
Ⅰ 営業活動によるキャッシュフロー	
営業活動によるキャッシュフロー	1,462
Ⅱ 投資活動によるキャッシュフロー	
有価証券の取得による支出	−202
有価証券の売却による収入	401
有形固定資産の取得による支出	−450
有形固定資産の売却による収入	8
投資有価証券の取得による支出	−7,640
投資有価証券の売却による支出	6,971
投資活動によるキャッシュフロー	−1,137
Ⅲ 財務活動によるキャッシュフロー	
財務活動によるキャッシュフロー	−229

ものですから，売却すると事業に差し障りがあるように思うのですが.」

たしかに投資有価証券の売却は事業の遂行上，問題が発生することがある場合もあるでしょう．しかし，連結キャッシュフロー計算書の投資活動によるキャッシュフローの部を見ると，ソトーでは投資有価証券の売買を積極的に行っていたことがわかります．極端な仮定になりますが，ここでは投資有価証券をすべて売却しても事業の継続には影響がないとして，話を進めてみましょう．

学生：「なるほど．ということは，ソトーの株式を100％取得すれば，有価証券や投資有価証券を売却することができたのですね．これらを売却すると，221億4,600万円になりますし，現金を合算すると230億3,900万円になります．でも，株式時価総額は106億円9,700万円にしかすぎない…」

表 7.6　大株主の状況（2002 年 3 月期）

氏名または名称	発行済み株式総数に対する所有株式数の割合
ダイドーリミテッド	7.3%
大同生命保険	5.5%
東亜紡績	5.5%
ザバンクオブニューヨークトリーティージャスディックアカウント	5.1%
UFJ 銀行	4.8%
大和銀行	4.8%
モルガン・スタンレー	3.3%
三井住友海上火災	3.2%
渡辺尚彦	3.0%
ゴールドマン・サックス	2.8%

そうです．約 100 億円でソトーを完全に買収できたとすると，有価証券等を売却することで得たキャッシュを配当にまわせば，投資ファンドは 230 億円相当のキャッシュを手に入れることができたということになります．おそらくこれが，ソトーが TOB の対象となった理由の 1 つでしょう．すなわち，ソトーの実際の株価は，当時の業績をもとに配当割引モデルを利用するとだいたい説明できるような水準であって，ソトーが保有する現金や有価証券，投資有価証券などが株価に反映されていたとは考えにくいのです．

　　学生：「6 章で学習した，金庫の「鍵」の議論につながるのですね．」

そのとおり．ソトーが保有する現金や有価証券，投資有価証券などの大部分は株主に分配されず，社内に蓄積されていたのです．しかし，それらを配当として分配させるためには，経営権という金庫の「鍵」を獲得する必要があったわけです．2002 年 3 月期のソトーの大株主の状況を見てください．外資系金融機関も大株主に名前をつられていますが，大半が日本の金融機関や事業会社ですね．これらの株主は安定株主です．安定株主から増配を要求されないかぎ

り，経営陣としては配当を増やす理由は見当たらなかったのでしょう．

　要するに，多額の現金等価物が金庫にあることはわかっていても，金庫の「鍵」が手に入らないかぎり配当されることはない．そうすると，配当される見込みのない資金があっても，金庫の「鍵」をもたない投資家にとっては評価の対象にはしにくい．結果として，現金等価物が株価に反映されていなかったという解釈ができます．だからこそ，スティール・パートナーズはソトーをTOBの対象に選んだのでしょう．すでに説明したように，現金等価物が株価に反映されていれば，配当を行えばその分だけ株価は低下しますが，反映されていない場合は多額の配当を行っても株価は低下しません．つまり，仮にTOBが成功すれば，有価証券を売却し配当として株主に分配しても，株価には現金等価物が反映されていないので，株価は低下せず，利益を得られます．TOBが失敗しても，この間の株価が上昇すれば，売り抜けてもキャピタルゲインを得られる可能性が高かったのです．

> 学生：「ソトーがTOBの対象になった最大の理由は，現金等価物が株価に反映されていなかったからということですね．わかってきました．」

　では，もう1つ質問です．先ほど，ソトーを100％買収した投資ファンドのファンドマネジャーならば，どうしますかという問いに対して，「有価証券等を売却して，配当にまわす」という発言がありました．これ以外に，ファンドマネジャーならどのような行動をとりますか．

> 学生：「土地や建物などの遊休資産を売却するのでしょうか．含み益がどの程度あるかわかりませんが，バランスシートを見るかぎりソトーが保有する土地はそれほど大きくないように思えるのですが．」

たしかに，遊休資産の売却を行うのも有効かもしれませんが，金額という点でそれほどインパクトはなさそうですね．ヒントは資金調達です．

> 学生：「ソトーは無借金経営ですから，借入を行って得たキャッ

シュを配当にまわすことで，投資ファンドは利益を獲得できます．」

そうです．借入を行い，配当あるいは自社株買いを行うというのは有効な手段でしょう．また借入を行うと同時に，何らかの方法により株主資本を減らすことで，資本コストがもっとも小さくなる最適資本構成に近づけることが可能かもしれません．この場合は，企業価値を高めることにもつながります．

学生：「投資ファンドが敵対的買収の対象とする企業の特徴などについては理解できたのですが，わたしはやはり敵対的買収が好きになりません．これまでと比べると株式持ち合いも解消されていますし，外国人株主も増えています．経営者は敵対的買収を未然に防ぐためには，どうすればよいのでしょうか．ポイズンピルを導入する企業もありますが，どうも本質的な解決策とは思えません．」

そうですね．ポイズンピルなどの敵対的買収防衛策によって，敵対的買収を防ぐことはできるかもしれませんが，それが企業の目的である企業価値の創造につながるとはかぎりません．また既存株主にとって魅力的な買収提案でも，経営者が保身のために買収提案を拒否する可能性もあり，敵対的買収の防衛策が既存株主にとって望ましくはないことがあります．したがって，ポイズンピルなどによる敵対的買収防衛策の導入は，根本的な解決策とは言えないでしょう．

学生：「では，配当を増やせばよいのでしょうか．」

増配は配当性向を高めることになるので，単純な配当割引モデルの考え方によると企業価値を高めることにつながるかもしれません．しかし5章で学習したように，企業の投資機会や利益の安定性，財務状況と資本調達の選択肢，資本市場への影響などを熟慮したうえで配当政策を決定する必要がありますね．ですから，単に配当を増やすだけでは十分ではないでしょう．

敵対的買収を防ぐうえで重要なのは，ごく単純に考えれば次の2点ではないでしょうか．1つは，経営者が企業価値を最大化することです．企業価値を最

大化するためには，資本コスト r を下げる，成長率 g を上昇させる，配当性向を高くするということが重要です．繰り返しになりますが，配当性向は単純に高くすればよいというわけではない点に注意してください．つまり，資本コストを上回る収益が得られるかどうか，利益の安定性はどの程度かなどを考慮して，配当水準を決める必要があるのです．これによって，企業価値が高まり，株価も上昇するでしょう．敵対的買収を行う投資家にとって，株価の上昇はコストが高くなることを意味するので，企業価値の最大化は敵対的買収を防ぐことにつながります．

そして，もう1点．敵対的買収を防ぐためには，企業価値の最大化だけではことたりません．もっとも重要なことは，経営者は企業価値を最大化している，と投資家から判断されることです．言い換えれば，企業価値を最大化しているとの信任を投資家から獲得することです．こうした信任を経営者が得ていれば，敵対的買収の対象となる可能性は減少するでしょう．仮に敵対的買収の対象となったとしても，既存の株主が経営者は企業価値を最大化していると判断すれば，既存株主は買収提案者に株式を売却せず，敵対的買収は失敗に終わるでしょうからね．株主からの信任を得るということが経営者の努めであって，ポイズンピル，コーポレートガバナンス構造，増配といった方法は，あくまでもそのための手段と考えるのがよいのではないでしょうか．

7.7 要　約

- 倍率法とは市場価格の相対比較であり，類似資産の市場価格を比較することで相対的にどちらが割安かを判断したりする．
- 株価収益率（Price Earnings Ratio, PER）は1株当たりの株価 P_0 を，1株当たり利益 EPS_0 で基準化したものです．したがって，配当性向（$\mathrm{DPS}_0/\mathrm{EPS}_0$）を一定とすると，PER は次のように展開することができる．

$$\mathrm{PER} = \frac{P_0}{\mathrm{EPS}_0} = \frac{\mathrm{DPS}_1}{\mathrm{EPS}_0} \times \frac{1}{r-g} = (配当性向) \times \frac{1+g}{r-g}$$

したがって，PER が大きくなるのは次のような場合．

1. 資本コスト r が小さい
2. 成長率 g が高い
3. 配当性向 (DPS/EPS) が大きい

- 株価売上高倍率（Price to Sales Ratio, PSR）は次のように定義される．

$$\text{PSR} = \frac{\text{株価時価総額}}{\text{売上高}}$$

前述の PER の式を前提に考えてみると

$$P_0 = (売上_0 \times マージン) \times \text{PER}$$

となる．したがって，2社の PER が同じなのに PSR は違うということは，両社のネットプロフィットマージン ($\text{EPS}_0/\text{Sales}_0$) が異なることを意味する．

- EBIT に関連した倍率では，分子はエンタープライズバリュー，分母は EBIT, EBIT（1 − 税率），EBITDA などが用いられる．EBIT は企業全体の会計利益，EBIT（1 − 税率）は企業が無負債の場合の税引後利益，EBITDA は減価償却費と償却費を足し戻したもので，いずれも FCFF の近似と考えられる．したがって，これらは FCFF による企業評価モデルに対応させることができる．

$$\text{企業価値} = V_0 = \frac{\text{FCFF}_1}{r_c - g}, \qquad r_c \text{ は総資本コスト}$$

したがって，これらの倍率は

$$\frac{V_0}{\text{FCFF}_1} = \frac{1}{r_c - g}$$

の近似であると考えられ，これらの倍率が大きいということは，企業全体の資本コストが小さいか，FCFF の成長率 g が多いか，あるいはその両方ということを意味する．

- 株価純資産倍率（Price Book-Value Ratio, PBR）は配当割引モデルを前提にすると，次のように展開できる．

$$\text{PBR} = \frac{P_0}{\text{BV}_0} = \frac{\text{EPS}_0}{\text{BV}_0} \times \frac{P_0}{\text{EPS}_0} = \frac{\text{ROE} \times 配当性向 \times (1+g)}{r - g}$$

- トービンの Q は，次のように定義される．
$$\text{Tobin's Q} = \frac{\text{負債総額 (時価)} + \text{株式時価総額}}{\text{資産総額（時価）}}$$
トービンの Q は時価の負債と株主資本の合計を，純資産の時価で基準化したもの．
- PEG ratio は次のように定義される．
$$\text{PEG ratio} = \frac{\text{PER}}{\text{利益の期待成長率}}$$
PEG ratio が小さければ相対的に割安だと考えられる．

おわりに

　本書は，3つのコラボレーションによって上梓されました．
　最初にあげなければならないのが，一橋大学大学院国際企業戦略研究科（ICS）・金融戦略コース（MBA）の学生とのコラボレーションです．金融戦略コースでは，インベストメントバンカー，クォンツ・アナリスト，証券アナリスト，デリバティブのトレーダー，メーカーのCFOなど，多種多様なバックグラウンドをもつ学生が学んでいます．多くの学生が，昼間は職場で現実の問題に直面し，その問題を理論的に解決する方法を求めて，夜間，ICSで講義を受けています．
　彼らは金融に関する業務に携わっており，日常の業務で問題意識が鮮明になるせいか，講義中に学生の発する質問はきわめて本質的です．また時には，著者が想定していなかった疑問を投げかけてくることがあります．こうした想定外の質問こそが，著者のレクチャーやそれまでのクラスの議論で欠けていた視点であり，著者としては，はっとすると同時に教えることの醍醐味を感じる瞬間です．ICSで教鞭を執っていると，まさに「教えることは，教わること」ということを再認識します．
　こうした講義の臨場感を損なわないために，本書ではいくつかの質問をそのまま載せることにしました．特に，日本人には馴染みにくいであろうコーポレートファイナンスの考え方——たとえば，「企業は株主のモノである」という——を説明するときには，学生の声をそのまま反映することにしました．こうしたスタイルに仕上げたことで，コーポレートファイナンスに対する読者の違和感のようなものが解消でき，理解が深まれば幸いです．
　第2は，ICSの他の教員とのコラボレーションです．ICSの金融戦略コース

の専任教員は 10 名ですが，10 名でカバーしている専門領域は広く，また各人はきわめて深い専門性をもっています．ICS は一橋大学の神田キャンパスにあり，金融戦略コースの教員は全員同一フロアに研究室を構えています．このためか，ファカルティ間のコミュニケーションは濃密で，彼らから得られる知的刺激は何ものにも代えられません．

本書はあくまでもコーポレートファイナンスの入門書なので，このコラボレーションの成果が反映されていないかもしれませんが，今後，上級向けのテキストや研究活動などを通じて，その成果が社会に還元されるでしょう．

第 3 は，私事になりますが，本多と野間のコラボレーションです．本多は ICS が設立された 2000 年から教壇に立っていますが，野間が ICS に着任したのは 2004 年 10 月でした．着任すると同時に，「今年のコーポレートファイナンスは一緒に教えよう」というメッセージを受け，2004 年秋学期に開講された「企業金融論の基礎」は 2 人で担当することになりました．

一般的に，複数の教員が 1 つの授業を担当する場合，講義の前半の回は A 教授，後半の回は B 教授となることが多いように思います．たとえば，全体で 14 回の授業があるとすると，前半の 7 回は A 教授が担当し，後半の 7 回は B 教授が担当することになります．

これに対して，著者らは各回の講義で共にレクチャーを行うことにしました．具体的には，理論的な部分については本多がレクチャーを行い，日本企業のデータやケースについては野間が担当しました．執筆作業も，基本的に理論部分は本多が執筆し，データやケースについては野間が執筆しました．もちろん，お互いの原稿をチェックし，改訂を求め合いました．

こうした 3 つのコラボレーションによって「化学反応」が生まれ，本書は他に類を見ないテキストに仕上がったと自負しています．もちろん，ありうべき過誤は著者らの責に帰するものであります．同時に，読者のみなさまから忌憚のないご指摘・ご批判をいただければ幸いです．

最後に，本書の発行にあたり共立出版編集部の石井徹也氏に多大なご尽力をいただきました．心よりお礼申し上げたい．

2005 年 9 月

野間幹晴

索　引

[C]
CAPM　24, 38, 42, 51, 52, 56, 68, 80

[D]
DCF　54
DCF 法　29, 42, 51, 52, 84, 95, 125, 131, 144, 148
DDM　128, 144, 150, 158, 162
DPS　128, 150

[E]
EBIT　58, 133, 152, 154
EBITDA　154
EBITDA 倍率　160
EBIT 率　153
EPS　113, 150, 171
EV　139, 140, 146
EVA　54, 59, 65

[F]
FCFE　43, 61, 64, 110, 129, 133, 145
FCFF　43, 84, 95, 133, 154

[I]
IRR　54, 65

[L]
LBO　143

[M]
M&A　108, 112, 139

[N]
NPV　54, 65, 68, 124, 143

[P]
PBR　155, 160, 162
PEG ratio　157
PER　154, 160, 162

PSR　153, 160

[R]
ROC　54, 58, 65
ROE　58, 65, 155

[T]
TOB　162
TOPIX　26

[W]
WACC　80, 84, 95, 137

[あ]
安全資産利子率　26, 35
安定株主　142
アンレバードベータ　81, 92

[う]
運転資本　45, 145

[え]
エンタープライズバリュー (EV)　139, 140, 146

[か]
会計士　143
会計利益　44, 129, 133
会社総価値 (EV)　139, 140, 146
回収期間法　55, 65
確率変数　25
貸倒引当金　45
加重平均資本コスト (WACC)　80, 84, 95, 137
株式純資産倍率 (PBR)　155, 160, 162
株式益回り　151
株式価値　129, 145
株式公開買い付け (TOB)　162
株式時価総額　84, 90, 139, 146
株式の流動性　107

株式配当　115
株式分割　115
株式もち合い　142
株式リターン　151
株主資本コスト　60, 70, 80, 94, 128
株主資本利益率（ROE）　58, 65, 155
借入　68, 72
関係子会社　142

[き]

機会費用　18
　　資本の—　68
幾何平均　36
企業価値　129, 145
企業価値評価　103, 124
企業再生　125
期待値　25
期待リターン　26, 143
キャッシュフロー　43, 44, 108, 109, 112, 128, 133, 137
　　営業活動による—　132
　　財務活動による—　132
　　投資活動による—　132
キャッシュフロー経営　50
キャッシュフロー計算書　42, 49, 130, 132
キャピタルゲイン課税　106
業績予想　148
規律付け　75

[く]

黒字倒産　46

[け]

経済的付加価値（EVA）　54, 59, 65
減価償却　59
減価償却費　46
現金等価物　139, 140
減配　109, 116

[こ]

コベナンツ条項　73
固有リスク　27

[さ]

最適負債比率　78
財務上の特約　73
財務制限条項　73
債務不履行　76
算術平均　36
残余キャッシュフロー　69, 81

[し]

資金調達　68
シグナリング効果　109
自社株取得　113
資本構成　82, 85, 86, 90, 102, 109, 130, 133
資本コスト　18, 31, 38, 42, 53, 56, 59, 68, 92, 111, 150, 172
資本資産価格モデル（CAPM）　24, 38, 42, 51, 52, 56, 68, 80
資本支出　45, 133
社債　72
ジャンク債　84
純資産簿価　155
純負債　139
少数株主持分　138
将来キャッシュフロー　42, 76, 84, 98, 125, 140
　　—の現在価値　16, 38, 51, 54, 64, 68, 102, 124
　　不確実な—　51, 68
所得税　106
信用リスク　81

[す]

ストックオプション　72
スピンオフ　116

[せ]

税金　76, 114
成長率　150, 172
節税効果　74, 78

[そ]

総資本コスト　155, 172
総資本利益率（ROC）　54, 58, 65
増配　109, 116
総有利子負債　139
損益計算書　43, 133

[た]

退職給付引当金　138

[ち]

超過リターン　142

[て]

敵対的企業買収　140
敵対的買収　124
敵対的買収防衛策　170
転換社債　72

索 引

[と]

倒産コスト　　82, 114
　　　間接—　　73
　　　直接—　　73
倒産リスク　　50, 57, 73, 79, 107, 109
投資有価証券　　142
トービンの Q　　156, 173
特別配当　　140
取引コスト　　76, 107

[な]

内部留保　　104, 107, 109

[ね]

ネットプロフィットマージン　　154

[は]

ハードルレート　　112
バイアウト　　125
ハイイールド債　　84
配当　　101
配当原資　　105
配当性向　　101, 118, 150, 154, 171, 172
配当政策　　98, 103, 109, 116, 121
配当利回り　　118
配当割引モデル (DDM)　　128, 144, 150, 158, 162
倍率法　　148
発生主義　　45
発生主義会計　　64
バランスシート　　137, 142
バリュエーション　　124, 128, 160, 162

[ひ]

1 株当たり配当 (DPS)　　128, 150
1 株当たり利益 (EPS)　　113, 150, 171

[ふ]

負債コスト　　80, 136
負債の資本コスト　　70, 94
負債比率　　90
フリーキャッシュフロー（純現金収支）
　　42, 131
プレミアム　　108, 112
分散　　25

[へ]

ベータ　　26, 31, 52, 60, 80

[ほ]

ポートフォリオ

—の期待リターン　　80

[ま]

マーケット・ポートフォリオ　　26, 36
マーケット・リスクプレミアム　　27, 35
マージン　　154

[む]

無借金企業　　143
無負債　　132, 145
無負債キャッシュフロー　　132
無負債ベータ　　132

[も]

モジリアニ・ミラーの定理 (MM 定理)　　75, 83, 94, 101, 113, 121

[ゆ]

有価証券　　108, 112
有価証券投資　　142
優先株式　　72
有利子負債　　138

[よ]

余剰キャッシュフロー　　140

[り]

利益還元　　98, 108
利益剰余金　　99, 104
リスク　　39, 42, 68, 109, 151
リターン　　20, 38, 42, 52, 68

[れ]

レバレッジ　　69

[わ]

ワラント債　　72
割引キャッシュフロー (DCF) 法　　29, 42, 51, 52, 65, 84, 95, 125, 131, 144, 148
割引率　　16

著者紹介

野間　幹晴（のま　みきはる）

一橋大学大学院経営管理研究科准教授
1997 年　一橋大学商学部卒業
1999 年　一橋大学大学院商学研究科修士課程修了
2002 年　一橋大学大学院商学研究科博士課程修了，博士（商学）取得
横浜市立大学商学部を経て，2004 年より一橋大学大学院国際企業戦略研究科助教授（現・准教授）2018 年より現職．
著書に「会計発生高の質に対する資本市場の評価」（『會計』2005 年 7 月），「利益の持続性と会計発生高の信頼性」（『会計プログレス』2004 年 9 月）等．

本多　俊毅（ほんだ　としき）

一橋大学大学院経営管理研究科教授
1990 年　一橋大学経済学部卒業
1992 年　一橋大学大学院経済学研究科修士課程修了
1997 年　スタンフォード大学 Ph.D.（Engineering-Economic Systems and Operations Research）
横浜国立大学経済学部を経て，2000 年より一橋大学大学院国際企業戦略研究科助教授（現・准教授）2012 年より同教授，2018 年より現職．
著書に『バイアウトファンド』（中央経済社，2004 年），『企業価値評価と意思決定』（東洋経済新報社，2005 年）．共訳書に『資産価格の理論』（創文社，1998 年），『ファイナンスのための計量分析』（共立出版，2003 年）等．

コーポレートファイナンス入門 ―企業価値向上の仕組み―	著　者　野間幹晴，本多俊毅　© 2005
2005 年 10 月 25 日　初版 1 刷発行 2018 年 9 月 20 日　初版 6 刷発行	発行者　南條光章 発　行　共立出版株式会社 　　　　東京都文京区小日向 4-6-19 　　　　電話東京 3947 局 2511 番（代表） 　　　　郵便番号 112-0006 　　　　振替口座 00110-2-57035 番 　　　　URL　http://www.kyoritsu-pub.co.jp/
	印　刷　中央印刷
	製　本　協栄製本
検印廃止 NDC 335, 336.8	一般社団法人 自然科学書協会 会員
ISBN 978-4-320-09635-6	Printed in Japan

JCOPY　<出版者著作権管理機構委託出版物>
本書の無断複製は著作権法上での例外を除き禁じられています．複製される場合は，そのつど事前に，出版者著作権管理機構（TEL：03-3513-6969，FAX：03-3513-6979，e-mail：info@jcopy.or.jp）の許諾を得てください．

◆ 色彩効果の図解と本文の簡潔な解説により数学の諸概念を一目瞭然化！

ドイツ Deutscher Taschenbuch Verlag 社の『dtv-Atlas事典シリーズ』は，見開き2ページで1つのテーマが完結するように構成されている．右ページに本文の簡潔で分り易い解説を記載し，かつ左ページにそのテーマの中心的な話題を図像化して表現し，本文と図解の相乗効果で理解をより深められるように工夫されている．これは，他の類書には見られない『dtv-Atlas事典シリーズ』に共通する最大の特徴と言える．本書は，このシリーズの『dtv-Atlas Mathematik』と『dtv-Atlas Schulmathematik』の日本語翻訳版である．

カラー図解 数学事典

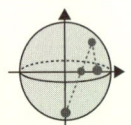

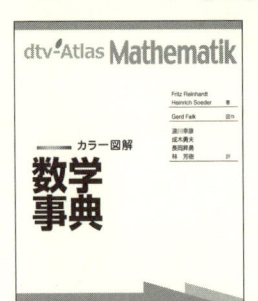

Fritz Reinhardt・Heinrich Soeder [著]
Gerd Falk [図作]
浪川幸彦・成木勇夫・長岡昇勇・林 芳樹 [訳]

数学の最も重要な分野の諸概念を網羅的に収録し，その概観を分り易く提供．数学を理解するためには，繰り返し熟考し，計算し，図を書く必要があるが，本書のカラー図解ページはその助けとなる．

【主要目次】まえがき／記号の索引／序章／数理論理学／集合論／関係と構造／数系の構成／代数学／数論／幾何学／解析幾何学／位相空間論／代数的位相幾何学／グラフ理論／実解析学の基礎／微分法／積分法／関数解析学／微分方程式論／微分幾何学／複素関数論／組合せ論／確率論と統計学／線形計画法／参考文献／索引／著者紹介／訳者あとがき／訳者紹介

■菊判・ソフト上製本・508頁・定価（本体5,500円＋税）■

カラー図解 学校数学事典

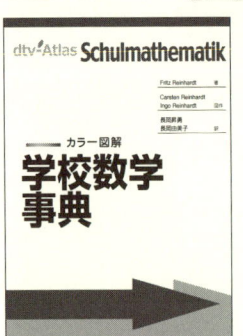

Fritz Reinhardt [著]
Carsten Reinhardt・Ingo Reinhardt [図作]
長岡昇勇・長岡由美子 [訳]

『カラー図解 数学事典』の姉妹編として，日本の中学・高校・大学初年級に相当するドイツ・ギムナジウム第5学年から13学年で学ぶ学校数学の基礎概念を1冊に編纂．定義は青で印刷し，定理や重要な結果は緑色で網掛けし，幾何学では彩色がより効果を上げている．

【主要目次】まえがき／記号一覧／図表頁凡例／短縮形一覧／学校数学の単元分野／集合論の表現／数集合／方程式と不等式／対応と関数／極限値概念／微分計算と積分計算／平面幾何学／空間幾何学／解析幾何学とベクトル計算／推測統計学／論理学／公式集／参考文献／索引／著者紹介／訳者あとがき／訳者紹介

■菊判・ソフト上製本・296頁・定価（本体4,000円＋税）■

http://www.kyoritsu-pub.co.jp/　　共立出版　　（価格は変更される場合がございます）